의사의 꿈

의사의 꿈

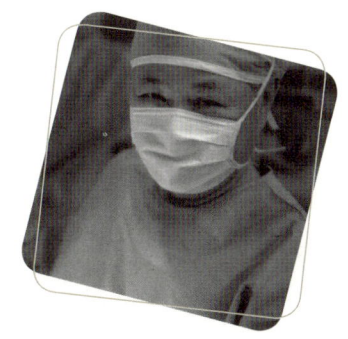

삼성서울병원 외과교수 **양정현** 박사 지음

건강신문사
www.kksm.co.kr

프롤로그

정신을 맑게 하는 새벽공기의 힘

나는 새벽을 좋아한다. 새벽 공기는 정신을 맑게 하는 힘이 있고, 이런 새벽의 정적을 거두는 해가 떠오를 때쯤이면 나는 새로운 희망과 가능성으로 하루를 맞게 된다. 내가 새벽을 좋아하게 된 데에는 밤낮 구별없이 환자를 대해야 하는 직업의 특수성도 한몫했던 것 같다.

최근 레지던트들이 전문 과목을 선택할 때 환자의 생명과 많이 관련되는 외과나 흉부외과, 신부인과같은 과목을 기피한다고 한다. 이런 과목들이 더럽고dirty 어렵고difficult 위험한dangerous 3D 과목으로 꼽히는 반면 피부과, 안과, 성형외과 등의 인기는 아주 높아 우수한 인재들이 몰린다는 것이다. 이들 과목은 수련시절에도 정신노동에 가깝고 스트레스도 적을 뿐만 아니라 장비나 공간, 입원실이 필요 없어 개원을 할 때 드는 비용도 적게 든다.

의사의 기술에 대한 수가가 모든 과목에 획일적으로 적용되어 있고, 수가도 상당히 낮게 책정된 의료보험제도를 감안한다면 외과 기피 현상은 당연한지도 모르겠다.

일부 병원에서는 외과 파트에 레지던트가 없다는 소리까지 나오고 있다니 이러다가는 가까운 시일 내에 국내에는 믿을만한 외과의사가 부족하여 외국에서 수술을 받아야 하는 상황이 생길지도 모를 일이다.

삶과 죽음의 갈림길이 결정되는 현장인 수술실에서 거의 살다시피 하는 외과의사를 '배의 선장'으로 비유하곤 한다. 승객과 승무원의 안전과 생존을 책임져야 하고, 혼자서 모든 결정에 대한 책임을 져야 하는 선장과 마찬가지로 수술실의 집도의는 환자의 생사여탈권에 관해 고독한 결정과 그에 대한 책임을 혼자서 져야하기 때문이다.

"이 세상에서 가장 외로운 사람은 낙도의 등대지기도 아니고 수술실의 외과의사일 것" 이라는 선배 외과의사의 말이 가끔 절실하게 느껴진다.

그러나 이 외로운 외과의사라는 직업을 나는 한 번도 후회해본 적이 없다. 무엇보다 생사의 갈림길을 몇 번씩 넘나든 환자가 힘겨운 수술을 이겨내고 완쾌되었을 때는 이루 형언할 수 없는 기쁨을 맛본다. 이는 외과의사만이 누릴 수 있는 보람이자 영광이다.

유방암 전문의이다 보니 하루에도 수많은 유방암 환자들을 만나게 된다. 유방암은 간단한 자가진단으로 병을 자각할 수 있고 초기에 치료하면 완치할 수 있는 경우인데도 시기를 놓쳐 애를 먹기도 한다. 특히 유방암으로 인해 유방을 절제해야 하는 경우 환자의 대다수는 암을 제거한다는 사실보다 유방을 제거해야 한다는 사실에 더 많은 두려움과 고통을 느낀다. 몇 년 전 유방절제 수술을 한 뒤 미용적인 측면보다 자신의 아이에게 더 이상 젖을 먹일 수 없음을 아파하고 눈물을 흘리는 환자를 본 일이 있다.

여성의 유방은 이처럼 단지 외적인 아름다움이 아니라 모든 이에게 있어 어머니의 따뜻한 품을 전해주는 중요한 장기인 것이다. 한쪽 유방이 없는 여성을 보는 것은 매번 가슴 아픈 일이지만 유방이 없다 하더라도 여성의 모성애는 사라지는 것이 아니기에 유방암 환자들이 더욱 자신감을 갖고 세상을 살아주었으면 하는 바램이 크다.

아울러 의사에 대한 불신풍조가 만연한 지금 모쪼록 이 책이 의사에 대한 선입견을 좁히고 묵묵히 인술을 펼치는 의사에게 작은 힘이나마 될 수 있기를, 의사의 길을 희망하는 젊은이들에게 선배 의사로서 실질적인 조언이 될 수 있기를, 그리고 많은 사람들에게 건강의 중요성을 환기시킬 수 있는 계기가 되었으면 한다.

끝으로 책이 나오기까지 격려의 말을 아끼지 않은 동료들과 소리 없는 나의 후원자들인 환자, 그리고 든든한 응원을 보내준 가족들에게 감사의 말을 전하고 싶다.

2002년에 '유방과 사랑에 빠진 남자'라는 제목으로 책을 발간한 지 8년이 흘러 가끔 책을 구해보고 싶다는 독자나 지인들의 성원에 자극을 받아 이책을 다시 손 보아 재발간 한다.

아무쪼록 많이 읽혀 지기를 바랄 뿐이다.

2010년 5월 양정현

차례

정신을 맑게 하는 새벽공기의 힘 _4

1부   햇병아리 의사

*화려했던 시작, 인턴_12 *의과대학 학부제도_16 *베트콩 사냥_20
*삼신三神의 육감_25 *외과의사로의 선택_29 *첫 집도_33
*맹장이 없는 환자_37 *내과의사와 외과의사는 내외간?_41
*엄마, 너 생리하냐?_45 *어느 애국지사의 최후_49
*외과의사의 달러 박스(?)_55 *오백원짜리 촌지_59

2부   인생은 짧고 의술은 길다!

*의사는 잠꾸러기_64 *전화진맥_68 *나의 아버지_72 *스웨덴 할머니_76
*휴가없는 의사_81 *배꼽이 삐뚤어진 남자_84 *노르웨이의 미남 의사_87
*세 번 사는 남자_90 *제발 날 죽게 내버려둬요_94 *기브 미 원 달러_98
*VIP 증후군_101 *내 비서는 자동 응답기_105 *의사와 3D_108
*프란젠 교수_112 *일소일소一笑一少_116

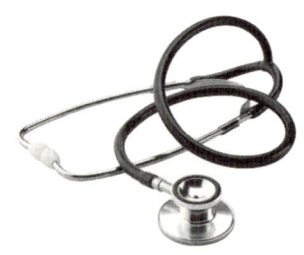

3부 　　　　　　　　　　　　　　　　　　　　　　　　의사의 향기

*의사의 향기_120 *세 가지 슬픔_123 *딸의 연인_127

*단지 의사라는 이유만으로_130 *의사의 아내는 영원한 '애첩'_133

*행복한 결혼_137 *양폴레옹의 결심_140 *미얀마, 그 참사의 현장에서_144

*세계 속의 한의학을 꿈꾸며_148 *아들의 선택_152

*얼빠진 의사―돌팔이_155 *와이셔츠, 넥타이 그리고 청진기_158

*무의촌에 '말뚝' 박은 제자_162 *리더의 건강_166 *사진_169

*매스컴과 의사_173 *건강한 내일을 위하여_177 *간단한 수술은 없다_180

*의사는 있다_183

4부 　　　　　　　　　　　　　　　　　　　　　　　　　　의사의 꿈

*살기 위해서 먹는가?_190 *껍질 외과의사의 향수_194

*나이듦에 대하여_197 *건강한 의사_202 *말띠해에 쓴 새벽 산보예찬_205

*유방암을 이긴 부부_210 *유방암 모녀_214 *마스크 미인_218

*나를 움직인 책―에릭 시걸의 '닥터스'_222 *디지털 시대의 의사_225

*나는 언제나 웃기는 희극배우이고 싶다_228 *노벨의학상 프로젝트_235

*의료계의 솔로몬은 어디 있는가?_239 *나의 꿈_242

1부

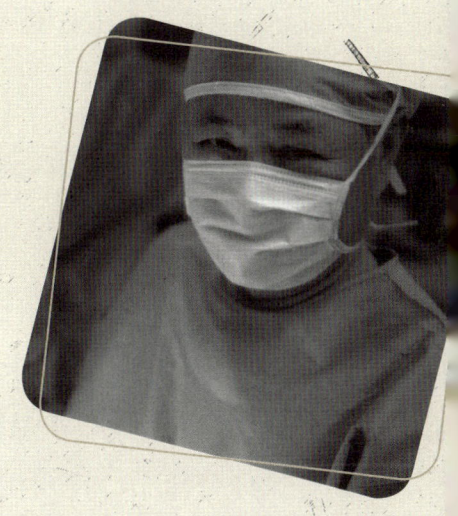

햇병아리 의사

화려했던 시작, 인턴

"어서 가야지. 이러다가 늦는다구."

친구의 재촉에도 아랑곳하지 않고 나는 거울 앞에서 떠날 줄을 몰랐다. 하얀 가운을 걸친 내 모습이 환자들에게 어떻게 보일까? 어설픈 풋내기로 비춰지지는 않을까? 불안한 마음에 애꿎은 가운만 자꾸 문질러댔다.

"안 되겠다. 나 먼저 갈테니 뒤따라와!"

그제서야 정신이 든 나는 황급히 친구의 뒤를 따라 나섰다. 다른 대학보다 2년 더 긴 6년 동안의 학부생활을 마치고 의사시험에 합격, 햇병아리지만 의사가 되었다는 자부심과 호기심을 안고 인턴으로서의 첫 발을 내딛는 순간이었다.

인턴은 전문의가 되기 위한 첫 단계로, 전쟁터의 최전선을 지키는 이름 없는 병사들처럼 입원하는 환자들을 제일 먼저 접촉하여 진찰하고, 레지던트와 전문의들의 지시와 감독에 따라 모든 검사와 처치, 처방을 착오 없이 행해야 한다.

요즈음은 시대가 많이 변해 병원 안에서 생활한다는 뜻의 '인턴intern'이 병원 밖에서 출퇴근한다는 '엑스턴extern'으로 변했지만, 내가 수련받을 시절만 해도 모두 이러한 원칙에 따라 근무해야 했다.

본인의 결혼이나 부모상喪 같은 특별한 경우를 제외하고는 어떤 일이 있어도 병원을 떠날 수 없었고, 심지어 인턴 수련을 받는 1년 동안에는 결혼을 하지 않는 것이 불문율로 되어 있었다.

왜냐하면 결혼을 한다 해도 제대로 결혼생활을 영위할 수 있을 만한 보수와 시간이 주어지지 않을 뿐 아니라, 자신의 결혼휴가로 인해 발생한 공백을 다른 인턴이 메꿔야 하는 '피해'를 주기 때문이다. 따라서 인턴들은 결혼만은 아무리 급해도(?) 피할 수밖에 없었다. 이렇듯 하루 24시간 병원에서 근무해야 하는 인턴들의 보수는 정말 형편없었다.

당시 월급은 와이셔츠 몇 장 값에 지나지 않은 2만원 정도였다. 병원에서 숙식을 제공하므로 먹고 자는 문제야 해결될 수 있었지만, 소위 '문화생활'이라는 것을 맛보기에는 턱 없이 부족한 액수였다.

그나마 이것도 선배들이 감행한 몇 번의 스트라이크소위 '인턴파동' 덕택에 무보수에서부터 시작하여 몇 번의 인상을 거듭하여 얻어진 소득이었다. 나보다 10년 위쯤 되는 선배들은 와이셔츠 한 장 값에 해당하는 몇 천원을 월급으로 받았다고 했다.

인턴의 대우와 보수가 야박했던 이유는 인턴 과정이 수련, 즉 교육과정의 일부로써 전문의가 되기 위해 거쳐야 하는 한때의 일과성 홍역으로 이해되기 때문이었다.

인턴들은 1년간의 인턴 과정 동안 내과, 외과, 소아과요즘은 소아청소년과로 불리운다, 산부인과 등 기본 4과이 과목들은 환자들을 다루는 임상과 중 제일 중요하고, 환자가 많은 과이기도 해서 이렇게 부른다를 포함해 여러 과들을 순환근무하게 된다. 따라서 인턴 기간은 학생 시절에 이론으로만 배웠던 지식을 실제 임상에서 접촉할 수 있을 뿐 아니라 여러 질병을 동시에 다루어 볼 수 있는 처음이자 마지막 기회가 된다. 가령 외과 의사인 경우에 소아과의 백혈병이나 뇌막염 같은 병은 인턴 과정에 있을 때가 아니면 좀처럼 다루어 볼 수 없는 병인 것이다.

인턴 기간이 수련과 경험의 기회로 인식됨으로써 인턴, 즉 '수련의'는 의사의 자격을 가지고 있으면서도 제대로 된 대우를 받지 못하는 가련한(?) '수습생'으로 세상에 잘못 인식되기 십상이었다. 그래서 요즈음은 이러한 의식을 바꾸기 위해 '수련의'를 '어떠한 과목을 전공하는 과정 중에 있는 의사'라는 뜻에서 '전공의'로 바꿔 부르고 있다.

사람들이 어떠한 눈으로 보든지간에 인턴 생활은 의사로서 가장 중요한 시기임에 틀림없다. 인턴은 병원의 최일선에서 가장 필요한 존재이고 생生과 사死의 갈림길에서 현장을 지키는 '현장인現場人 the man on the spot'이다.

변비 환자나 장수술을 앞둔 환자의 대변을 뽑아내는 관장이나 소변을 호스로 뽑아내는 도뇨(導尿)를 하고, 간호사들이 기피하는 혈관주사를 놓거나 검사를 위하여 채혈을 하는 등 온갖 궂은 일을 도맡아 한다.

때때로 바늘구멍만큼 작은 희망에 매달려 몇 시간 동안 비지땀을 흘리며 숨이 끊어져가는 환자의 가슴에 두 손을 눌러 대면서 소생술을 시도하기도 한다. 이러한 궂은 일과 고생은 생명의 파수꾼으로서의 뿌듯한 사명감을 느끼기 시작하는 초년병에게 무엇과도 바꿀 수 없는 보람이 되고, 중견 전문의로 자리를 잡은 나이든 의사들에게는 아련한 향수로 남는다.

지금 이 시간에도 중환자 때문에 밤을 새워 통통 부은 얼굴로 끼니도 제대로 못 먹고 병원을 누비고 있거나, 수술실에서 견인기(牽引機, 수술할 때 시야를 좋게 하기 위하여 잡아당기는 기구)를 잡고서 꾸벅꾸벅 졸고 있을 수많은 인턴들에게 알려주고 싶다. 지금의 처지에 지치거나 실망하지 말고 슬기롭게 이겨내서 환자의 생명을 최우선으로 여기는 의사로서의 본분을 잊어버리지 않는다면, 미래는 밝다는 것을… ✿

의과대학 학부제도

정신없이 병원 안을 돌아다니다 보니 어느덧 해가 뉘엿뉘엿 저물었다. 나는 한시름 돌리며 당직실로 향했다. 당직실 침대 위에 발을 쭉 뻗고 쉬는 내 모습을 상상하니 발걸음은 점점 빨라졌다. 당직실로 들어서자 벌써 침대를 점령하고 누워 코를 골고 있는 친구의 모습이 보였다.

불과 5분 전까지만 해도 응급실을 뛰어다니고 있었는데, 어느새 돌아와 잠이 든 모양이었다. '눕히면 바로 눈을 감고 자는 자동인형 같군.' 나는 피식 웃음을 흘리며 2층 침대로 올라가 몸을 쭉 뻗었다.

몸 속에 숨어있던 하루의 피로가 일순간 쏟아져 나왔고, 나는 무겁고 달콤한 잠 속으로 서서히 이끌려 들어가고 있었다. 그때, 당직실 문이 삐그덕 열리며 레지던트 4년차 선배가 들어왔다. 막 잠이 들려고 했는데… 나는 아쉬움을 뒤로 하고 몸을 벌떡 일으켰다.

"선배님, 지금 오십니까?"

"그래. 괜찮으니까 그냥 자. 나는 금방 나갈 거니까."

선배는 가방 안에 몇 가지 소지품을 챙겨 넣은 후 다시 당직실을 나갔다.

나는 선배의 얼굴에 짙게 깔려 있던 피로를 생각하며 기분이 착잡해졌다. 선배는 아내와 태어난 지 두 달된 아기를 위해 아르바이트를 하러 가는 것이었다.

그가 의과대학이 아닌 다른 대학을 갔더라면 벌써 졸업을 하고 회사에 취직, 중견간부로 자리를 잡아 여유있게 가족을 부양했을 나이였지만, 의과대학의 긴 학부과정 덕분에(?) 소독 냄새나는 병원의 전공의 신세로 머물고 있었다.

의과대학의 학부기간은 4년제인 일반 대학들보다 2년이 더 긴 6년이다.

의사라는 직업이 아픈 사람을 치료하는 것인 만큼 인간적인 소양을 기르는 기간을 감안하여 당시에는 2년의 의예과 과정을 더 두었기 때문이다. '의사가 되기 이전에 인간이 되어야 한다'는 깊은 뜻이 포함되어 있는 것이다.

신입생이 되면 2년 동안 교양 과정, 즉 철학이나 수학, 어학 등의 기본 과정을 수료한다. 그런 다음 본과 1, 2 학년이 되면 해부학, 생리학, 생화학, 병리학, 미생물학 등 기초의학을 섭렵하고, 이후 본과

3, 4년에 비로소 임상의학인 내과, 외과 등 각 전문 과목들에 대한 강의와 실습을 받는다.요즈음은 통합 과정이라 하여 기초의학과 임상의학을 통합하고 예과와 본과의 구별없이 혼합시켜 가르치는 의과대학도 늘어나고 있다.

이렇듯 방대한 학습량 때문에 의과대학생들은 타 전공의 학생들보다 공부벌레처럼 보이는 것이다. 여기에 짧은 방학 기간과 실습 때문에 공부에 몰입할 시간이 상대적으로 적다는 점, 그리고 재시험이나 낙제제도까지 감안한다면 꼭 6년 안에 학업을 끝마친다는 보장도 없다.

적성에 맞는 학과를 다녔다면 성공적으로 학업을 마쳤을 학생들이 해부학 실습 같이 중압감이 심한 공부에 질려 의과대학을 자퇴하거나 유급을 거듭하는 경우도 많다. 요즈음은 의학전문대학원들이 생겨 과거의 6년제를 변형시켜 일반 자연과학이나 공과대학 등 기타 대학 학부 4년을 마치고 학사학위를 받은 학생들로 하여금 소정의 시험의학교육입문시험 MEET을 거쳐 4년동안의 의과대학 학부를 이수한 다음 의사 면허시험을 보게하는 과정을 만들었다.

이렇게 6년 또는 4년의 과정을 수료하면 의사 국가시험을 통과하여 의사면허증을 취득, 비로소 하나의 완성된 의사자격을 가지게 된다. 이 상태에서 일반의로 바로 개원할 수도 있지만, 전문의의 자격을 얻고 싶다면 큰 병원에서 인턴 1년, 레지던트 4년(가정의학 전문의의 경우는 3년)의 과정을 이수해야 한다.

의사로서 전문 과목을 무엇으로 정할것인 지는 대단히 중요한 문제이다. 환자를 직접 다루는 임상의학은 치료법에 따라 크게 내과와 외과로 나눌 수 있는데, 내과는 병을 주로 약물로 치료하는 반면 외과는 수술요법으로 다스리는 과목이다.

내과, 소아과, 산부인과, 외과 등 거의 모든 과를 수련받는 인턴 과정과 내과나 일반외과, 안과 등 전공과목을 하나로 정하여 수련을 받는 4년 동안의 레지던트 과정까지 총 5년 동안의 전공의 과정을 거쳐야 비로소 전문의로 활동할 수 있다. 이를 임상의학이라 부르는데, 이 경우 말고 의과대학에 남아 학문의 길을 걷는 생리학, 미생물학 등 기초의학의 길을 택하는 경우도 있다.

전공의 과정을 거쳐 전문의 자격고시에 합격하면, 전문의로서 병원에 취직하거나 개원을 할 수도 있다. 그러나 보다 더 세분화된 전문의 과정을 밟고 싶으면 대학병원에서 1, 2년 과정의 전임의fellow 과정을 밟아야 한다.

남학생인 경우에는 이 기간 중에 군의관으로 병역의무를 끝내고, 대학원의 석, 박사과정도 재주껏 마쳐야 비로소 교수나 완성된 전문의의 대우를 받을 수 있다. 결국 30대 중반이 되어서야 '홀로서기' 할 수 있다는 계산이 나온다. 정말 길고도 험난한 과정이 아닐 수 없다. 이렇듯 긴 기간 동안 전공의로서 박봉을 견뎌야 하는 의사가 결혼을 일찍하는 경우, 처자를 먹여 살리기 위해서는 아르바이트를 하거나 맞벌이 또는 친부모나 처부모의 도움을 받아야만 한다. 여기에서 미혼의 여성이 의사와 결혼하려면 열쇠 3개아파트, 자동차, 병원 열가 필요하다는, 웃지 못할 말이 나오게 된 것 같다. ✿

베트콩 사냥

어슴프레한 달빛이 비추고 있는 숲 속은 조용했다. 나는 사뭇 두려운 마음이 들어 맨 앞에서 전진하고 있던 친구를 작은 소리로 불렀다.

"야, 대장! 정말 여기가 맞아?"

"그렇다니까. 여기가 '베트콩족'들이 명당이라고 여기는 곳이라구."

"왜 하필 여기야?"

"걔들이야 여기가 해부학 실습실 옆인 줄 알겠냐?"

나는 손에 든 방망이를 꽉 쥐었다. 마른 침이 목 안으로 넘어가는 소리가 들렸다. 몇 걸음 더 걸어가자. 과연 저쪽에서 꼭 붙어있는 남녀의 모습이 희끄무레하게 보였다. 해부학 실습실에서 내려다보이는 건물 모퉁이였다. 우리는 숨소리조차 죽이면서 그들에게 한발 한 발 접근했다.

"지금이다! 덮쳐!"

'대장'의 신호를 받은 나와 친구들은 일세히 "와-!" 하는 함성을 지르며 두 남녀에게 달려갔다. 은은한 달빛 속에 로맨틱한 분위기를 즐기고 있던 그들은 혼비백산해서 줄행랑치기 바빴다.

"이제 됐어! 이제 다시 여기에는 안 오겠지!"

'대장'이 큰 소리로 우리를 불렀지만, 우리는 아랑곳하지 않고 데이트하는 남녀의 뒤를 쫓아갔다. 나는 하늘 높이 쳐든 방망이를 신나게 돌려대며 계속 함성을 질렀다.

'남은 시험공부하느라고 정신없는데, 마치 약올리듯 코 앞에서 데이트를 즐기고 있다 이거지? 어디 혼 좀 나봐라~'

내가 다니던 의과대학은 종로구 원남동에 있는 창경원지금의 창경궁과 이웃하고 있어서, 봄이 되면 벚꽃놀이를 즐기기 위해 몰려드는 인파로 밤에도 불야성을 이루곤 했다.

당시의 창경원에는 지금은 서울대공원으로 옮겨간 동물원이 있었고 일제시대에 심어 놓은 벚꽃들이 많았는데, 봄이면 벚꽃이 눈송이처럼 흐드러지게 피어서 장관을 이루었다. 그러나 벚꽃이 절정을 이루는 4월 말부터 5월 중순까지는 의과대학의 중간고사가 있었기 때문에, 의대생들은 도서관에서 밤늦게까지 공부하느라 봄의 정취를 느끼기 어려운 형편이었다.

의사라는 직업은 여느 다른 직업군보다 유난히 시험과 뗄레야 뗄 수 없는 깊은 연관성을 가지고 있다. 지금의 의대생들도 마찬가지이지만 내가 의대를 다녔을 무렵에도 재시험이 많고, 유급제도까지 있어 시험에 대한 학생들의 스트레스는 대단했다. 특히 해부학이나 병리학의 실습 시험은 소위 '땡시험'이라 불렸는데, 그 이유는 다른 과목과 달리 생소한 방식으로 시험을 보았기 때문이었다.

각자 자기 앞의 해부학 구조나 병리표본을 일정시간_{보통 30초 내} 동안에 들여다 보고 종이 '땡' 하고 울리기 전에 답을 적은 후 땡소리와 동시에 다음 사람 자리로 가서 문제를 풀며 순환하는 시험이었다. 이 '땡시험'의 스트레스는 그야말로 엄청났다.

왜냐하면 출제 범위가 워낙 방대했고, 실습이나 강의를 소홀히 한 경우는 문제를 풀기조차 어려웠기 때문이다.

소위 '족보_{역대 시험에 단골로 나왔던 문제들을 모아놓은 문제집}'에도 없는 문제들이 대부분 출제되었기 때문에 미리 족보를 봐두었다고 해서 '땡시험'을 잘 본다는 보장도 없었다.

벚꽃놀이에 밀려드는 인파가 원남동 일대를 뒤덮자, 학교측은 행락객들이 학교 구내까지 몰려드는 것을 막기 위해 야간에는 일반인들의 통행을 통제했다. 그럼에도 불구하고 데이트족들은 부속병원으로 통하는 길로 교묘히 잠입하여 은밀한 곳에서 데이트를 즐겼다.

시험에 쫓기는 의대생들의 눈에 학교 구내로 밀려드는 데이트족들이 좋지 않게 보였음은 당연한 일이었다. 남들은 봄이 왔다고 연인과 함께 데이트를 즐기고 있는데, 두터운 책과 노트를 끼고 시험공부 하느라 스트레스를 받는 신세가 처량하기도 하고, 한편으로는 약이 오르기도 했다.

"사촌이 논을 사면 배가 아프다"는 속담처럼 젊은 선남선녀들이 벚꽃 아래에서 데이트를 즐기는 모습이 젊은 혈기에 오죽 눈꼴사납게 보였겠는가?

여기에서 묘한 전통이 생기기 시작했다. 주로 체격이 좋은 산악반이나 체육반 학생들이 주동이 되어 일반인에게 출입이 금지되어 있는 병원 뒤의 숲속에서 데이트를 하는 사람들을 쫓아내는 작업을 하는 것이다.

이 작업이 바로 '베트콩 사냥'이다. 아무리 데이트족들을 몰아내도 끝도 없이 계속 출몰하는 모습이 마치 월남전의 베트콩들과 같이 끈질기다고 하여 붙여진 이름이었다.

'베트콩 사냥'은 주로 저녁을 먹은 후 졸음이 찾아오려는 밤 9시경부터 시작되었다. 보통 대여섯 명이 그룹을 지어 '사냥'에 나서는데, 그중 한 명은 방망이와 플래쉬를 챙겨들고 갔다. 방망이를 갖고 가는 이유는 상대방의 기를 제압하려는 목적이었는데, 유사시 자기보다 힘센 사람을 만났을 경우엔 자기를 보호하는 호신용이기도 했다.

'베트콩족'들이 은닉하는 장소들은 대개 뻔하기 때문에 순찰하는 데 어려움은 없었다. 예를 들어 해부학 교실 모퉁이 같은 으슥한 장소에는 어김없이 '베트콩족' 들이 숨어 있었다.

만일 이들이 자신들이 숨어있는 건물이 해부학 실습실이라는 사실을 알았으면 아마도 기겁을 했겠지만, 데이트하기에는 으슥하고 조용하여 안성맞춤이었다. 은밀하게 사랑의 밀어를 속삭이고 있는 '베트콩족'들을 덮치는 것은 무척 재미있고 스릴이 있었다. '못 먹는 감 찔러나 보자'는 심정으로 '베트콩족'들을 쫓아 학교 구석구석을 쏘다니다 보면, 시험공부에 짓눌렸던 머리가 개운해지고 스트레스가 해소됐고, 카타르시스의 즐거움도 맛볼 수 있었다. 그렇지만 긍정적인 면 뒤에는 항상 그에 따르는 반작용도 있기 마련이다.

'베트콩 사냥'을 하다가 선배가 데이트하는 장면을 방해하여 두고두고 기합을 받은 경우가 그것이다. 레지던트 선배와 간호사가 데이트하다가 들키자 창피해서 피하는데, 그것도 모르고 끝까지 집요하게 쫓아가다가 뒤늦게 알아보고 거꾸로 혼비백산하여 도망쳤던 것이다. 내게 많은 추억을 안겨주었던 '베트콩 사냥'은 후배들에게 대물림되어 오다가 의대 부속병원이 신축되어 울창하던 숲이 없어지면서 사라지게 되었다. ✿

삼신三神의 육감

20대의 남자가 응급차에 실려 왔다. 환자는 식은땀을 흘리며 복통을 호소하고 있었다. 동네 약수터에서 운동을 하다가 갑자기 쓰러져 실려 온 것이라 했다. 환자의 병력을 보니 석 달 전쯤 탈장수술을 받았던 경험이 있었다.

"배가 어떻게 아프세요?"

"뭔가가 제 배를 마구 당기는 것 같아요, 선생님."

수술을 받은 후에도 환자는 앉은 자리에서 일어서거나 물건을 들어 올릴 때 배가 당기는 듯한 느낌을 받았다고 했다. 그래도 발을 쭉 뻗을 수 없을 정도로 아파서 밤잠까지 설쳤던 때에 비하면, 상태가 훨씬 좋아졌기 때문에 환자는 안심하고 생활하고 있었다. 나는 환자의 복부를 유심히 살펴보았다.

정말 배가 약간 부풀어 올라 있었다.

탈장이란 선천적 또는 후천적 원인에 의해 뱃속의 장기가 복벽의 근육층이 약한 곳을 통해 튀어나온 경우를 말한다. 보통 무거운 물건을 들어올리기 위해 배에 힘을 주었을 때나 기침을 할 때 잘 생긴다. 어린이의 탈장은 대부분 선천적 원인에 의해 발생하지만, 성인의 경우는 후천적 요인도 함께 작용하는 것으로 알려져 있다.

통증이 없을 때에는 배에 준 힘을 빼거나 튀어나온 부위를 살짝 눌러주면 다시 들어가기도 하지만 그렇지 않은 경우도 많다. 튀어나온 상태를 그대로 방치하면 창자가 혈액순환이 안 돼 썩을 수도 있으므로, 병원에서 치료를 받는 것이 좋다. 특히 환자가 통증과 함께 구토와 복통을 일으킨다면 빨리 병원으로 옮겨 치료를 받아야 한다. 탈장은 발생 즉시 수술하는 것이 가장 좋은 치료법이다.

수술 이외에 다른 치료법은 없다. 탈장수술은 비교적 간단하며 합병증도 적다. 수술법은 약해진 복벽을 꿰매주는 고전적인 방법부터 최근에 많이 시술되는 복강경 수술까지 다양하다.

흔히 탈장에 대한 가정요법으로 물구나무서기를 하거나 압박대(탈장대)를 착용하는 사람들도 있는데, 이는 일시적일 뿐 근본적인 치료법은 되지 못한다. 오히려 이러한 방법들은 탈장 주위조직을 약하게 하여 수술을 받기 어렵게 만들며, 탈장이 썩게 되는 원인이 되기도 한다.

이 환자는 탈장수술 부위에 유착이 생겨 장이 꼬이는 병, 즉 장교액증을 일으켰을 가능성이 충분했다.

나는 내 육감에 자신만만해하며 급히 일반외과 당직실로 전화를 걸었다. 몇 번의 신호 후 잠에 취한 당직 레지던트 선배의 음성이 들렸다.

"여…보세요…?"

"선배님, 응급실에 응급수술해야 할 환자가 왔는데요. 아무래도 장교액증 환자 같습니다."

"그래…? 그러면 C.B.C혈액검사하고 복부 X레이 촬영은 했나?"

"아니요."

"야, 임마! 그것도 안하고 어떻게 장교액중이라고 확신하냐? 네가 무슨 대가大家라고 확실한 검사도 하지 않고 추측만으로 진단을 내려!"

대번에 떨어진 선배의 불호령. 나는 눈을 질끈 감으면서도 틀림없는 내 판단을 믿어주지 않는 선배가 야속하고 안타깝기까지 했다. 하지만 혹시나? 선배의 말처럼 내 추측이 틀렸다면 어떻게 될 것인가. 보나마나 실력도 없는 인턴 녀석이 겁 없이 까불었다고 야단을 맞을 게 뻔했다.

나는 신속하게 검사를 진행했다. 다행히 내 예상은 적중했다. 검사 결과를 들은 당직 레지던트는 곧바로 응급개복수술에 들어갔고, 환자의 창자는 잘려나가지 않고 무사히 제 모습을 보존할 수 있었다. 수술을 마친 레지던트 선배는 동그랗게 뜬 눈으로 내 육감에 대한 놀라움을 표시했다.

"제법인데! 삼신三神의 육감치고는 쓸만해!"

여기서의 삼신이란 인턴의 처지를 풍자하는 말로, 의사들 사이에서 떠도는 우스개 소리 중 하나였다. 인턴들은 '일하는 데는 등신, 잠자는 데는 귀신, 먹는 데에는 걸신'으로, 가히 '삼신'의 경지에 올라 있다는 자조적인 표현이었다. 선배의 칭찬에 나는 어깨가 으쓱해졌다. 누가 인턴보고 일하는 데에 등신이라고 했단 말인가? ✿

외과의사로의 선택

"모스키토 지혈용 기구!"

"자, 피를 닦아주고!"

수술을 집도하는 교수님의 이마에서 굵은 땀방울이 흘러 내렸다. 옆에 있던 간호사가 얼른 수건으로 닦았지만, 땀은 계속해서 솟아올라 얼굴을 타고 흘렀다.

수술실 안의 의사들과 간호사들은 숨소리도 죽인 채 수술에 임하고 있었고, 오직 시계바늘 돌아가는 소리와 수술기구가 움직이는 소리만이 긴장된 침묵을 깨고 있었다. 나는 장시간 계속되는 수술에 피로감이 느껴졌지만, 눈을 부릅뜨고 교수님의 뇌동맥류결찰술 뇌혈관이 꽈리처럼 부풀어 출혈하는 상태를 봉합하는 수술을 지켜보았다.

수술실 밖에서는 환자의 세 딸들이 의사들보다 더 긴장되고 초

초한 심정으로 발을 구르고 있을 터였다. 환자는 평소에 고혈압이 있었던 50대 초반의 여성으로, 저녁식사를 마친 후 갑자기 쓰러져 병원으로 실려 왔다.

이 여성은 평소 꾸준히 고혈압 약을 복용해야 함에도 불구하고, 일찍 세상을 떠난 남편 대신 가장 노릇을 하느라 건강관리를 소홀히 했다가 변을 당한 것이었다.

"슈처 수술상처를 꿰매는 바늘과 실!"

"시져 수술부위를 봉합한 후 실을 자르는 가위!"

교수님이 시져로 실을 자르자 누군가 작은 탄성을 질렀다. 장장 5시간에 걸친 대수술이 성공적으로 막을 내리는 순간이었다. 피로와 땀으로 뒤범벅이 된 의료진이 수술실 밖으로 나가자, 환자의 세 딸들과 친척들이 우르르 몰려 왔다. 교수님은 침착하고 밝은 목소리로 수술결과를 설명했다.

"수술은 잘 됐고, 이제 경과를 지켜보는 일만 남았습니다."

교수님의 말을 들은 환자의 세 딸들은 동시에 안도의 울음을 터뜨렸다. 그들은 교수님뿐 아니라 수술에 참여한 새끼 의사 인턴인 나와 다른 의사들, 간호사들의 손도 일일이 잡으며 연신 고개를 조아렸다. 나는 그들의 뜨거운 눈물 앞에 붉어진 내 눈시울을 달래느라 또 다시 진땀을 빼야 했다.

의사의 길을 선택한 후 내가 가장 보람을 느낄 때는 바로 환자와 가족들로부터 진심어린 감사를 받을 때이다. 내가 의사라는 직업을 택하게 된 데에는 아버지의 조언이 절대적인 영향을 미쳤다.

강직하고 엄격한 교육자이셨던 아버지는 내가 어렸을 때부터 가장 역사가 깊고 보람되며 의미있는 직업은 의사라고 말씀하셨다. 의사라는 직업은 인류 역사상 가장 오래된 직업 중 하나이다. 사람의 일생을 불가佛家의 표현을 빌어 한 마디로 압축하자면 '생로병사生老病死'가 된다. 의사는 사람이 태어나고, 살아가며, 병이 들고 마지막에 죽음을 맞는 순간까지 꼭 필요한 존재라는 것은 동서고금을 막론하고 공통된 사실이다.

그러나 이 직업은 다른 인기있는 직업처럼 화려하지 못하고, 이해타산과는 거리를 두어야 하며, 항상 의사 개인의 입장보다는 환자를 우선으로 생각해야 한다. 생사의 현장에서 인간의 생명을 다루는 직업이므로 단 한 번의 실수도 용서받을 수 없고 항상 긴장 속에 살아야 하므로, 자신을 잘 다스릴 수 있는 사람이어야 한다. 따라서 봉사정신이 부족하고 물질적 욕망이 큰 사람에게는 어려운 직업이 될 수밖에 없다.

또한 의사는 하루가 다르게 눈부시게 발전해가는 의학 연구에 눈과 귀를 열고 공부를 게을리하지 않아야 돌팔이 신세를 면할 수 있다.

의사라는 직업은 자신의 능력을 갈고 닦을수록 많은 사람들의 생명을 살릴 수 있다는 점에서 다른 직업들과 단연 차이를 보인다. 인간에게 고통을 주는 질병의 속성을 파헤치기 위해서는 꾸준히 공부하며 노력해야 한다.

이러한 아버지의 말씀을 들으며 자란 나는 의사를 동경하게 되었고, 고등학교 3학년 때 주저하지 않고 의과대학을 선택할 수 있었다. 그리고 외과를 선택한 후에도 후회한 적은 단 한 번도 없었다. 내가 여러 가지 임상과목 중 외과를 택하게 된 이유는 외과의사들에게는 사경을 헤매는 환자에게 메스를 가해 며칠 내에 웃으며 병원 문을 나서게 할 수 있는 '화끈한 마력'이 있기 때문이다. 인생의 진로를 선택하는 데 고민하고 있을 많은 젊은이들에게 의사들 사이에서 전해 내려오는 격언 두 가지를 소개하고 싶다.

"소의小醫는 병을 다스리고 중의中醫는 사람을 다스리며 대의大醫는 나라를 다스린다."

"외과의사에게는 독수리 같은 눈과 사자 같은 심장, 그리고 어머니 같은 손이 필요하다." ❀

첫 집도

"정말 틀림없나?"

"예, 선생님. 맹장염이 분명합니다."

"정말 맹장염이란 말이지?"

"예, 분명한 맹장염입니다. 곧 수술을 해야 할 것 같습니다."

"그래, 알았어. 내가 곧 가지!"

내 가슴은 순식간에 흥분과 긴장으로 터질 듯 부풀어 올랐다. 레지던트 1년차, 드디어 수술 집도자로서 칼을 잡게 되는 것이었다. 인턴 시절에 비공식적으로나마 수술 수기를 단계적으로 전수받아서 숙달되어 있었지만 처음부터 끝까지 수술을 집도한 적은 한 번도 없었기 때문에 맹장염 환자를 몹시 기다리고 있던 차였다.

다른 동기 레지던트들이 2-3번 이상 맹장 수술을 집도한 데 비해 나는 한 번도 맹장염 환자를 수술하지 못했다.

'이제는 내 밑으로 인턴도 거느리고 있건만, 솜씨를 뽐낼 기회가 오지 않다니…' 초조함과 신경질이 뒤범벅이 되었을 때쯤, 마침내 응급실에서 당직 인턴으로부터 반가운 연락을 받은 것이다.

맹장염, 정확히 충수돌기염은 일반외과의 레지던트가 첫 수술 집도시 맡게 되는 질병이다. '외과의사의 일생은 맹장으로 시작하여 맹장으로 끝난다'는 말처럼, 맹장 수술은 외과의사에게 가장 쉬운 수술이지만 또한 동시에 가장 어려운 수술이기도 하다.

소위 굿모닝 아뻬 'good morning appe_{맹장appedix이 의사에게 반갑게 인사하듯 쉽게 찾아지는 경우를 말함}' 인 경우는 20~30분 이내에 끝나지만, 진단 자체가 모호하거나, 상태가 좋지 않을 때에는 서너 시간에 걸쳐 수술하는 경우도 있기 때문에, '맹장쯤이야' 하고 자만하다가는 딜레마에 빠지게 되기도 한다.

나는 두근거리는 마음으로 환자를 진찰하고 난 뒤 수술장에 응급 수술을 신청했다. 짜릿한 쾌감이 온몸으로 퍼졌다.

'이제 나도 초집도식을 거행하게 되는군! 드디어 완전한 외과의사로서 탄생하는거야!'

'초집도식初執刀式'이란 외과를 전공하는 전공의들이 외과에 입문하는 의식으로, 입국식入局式에 해당한다.

요즈음에도 매년 5, 6월경이면 외과에서는 초집도식이 거행된다. 칼을 잡는 외과의사의 입장에서는 메스를 잡고 수술을 해보아야만 비로소 외과의의 길에 들어선 것으로 모두에게 인정받는 것이기 때문에, 초집도식은 외과 전공의들에게 대단히 중요한 의미를 지닌다. 수술 준비가 끝나자 나는 수석 레지던트 선생님에게 수술 보고를 하기 위해 연락을 했지만 웬일인지 연결이 되지 않았고, 3년차 레지던트 선생님만 만날 수 있었다.

수술실에서는 준비가 다 되었으니 빨리 들어오라고 야단이었다. 3년차 레지던트에게 상의를 드리자 선배는 자신이 기꺼이 조수를 서 주겠다며 예정대로 수술할 것을 권하여, 나는 대망의 첫집도를 위해 수술실로 들어섰다. 그런데 내가 메스를 들고 환자의 피부를 째려고 하는 순간, 갑자기 수술실의 문이 열리며 수석 레지던트가 들어왔다.

"이봐! 양 선생, 수술이 있으면 나에게 보고하고 수술을 해야지, 왜 보고도 없이 하는 거야?"

노기怒氣를 띤 음성이었다. 아뿔싸! 무언가 일이 뒤틀리고 있구나 싶었다. 물은 엎질러진 것이나 다름 없었지만, 나는 침착하게 상황을 설명했다.

"수석 선생님께 연락이 안되어 3년차 선생님과 상의하여 수술 준비를 했습니다."

"뭐가 어쩌고 어째! 그걸 지금 말이라고 하는거야? 무슨 일이 있어도 수술에 대한 보고는 내게 해야 한다는 걸 알면서 그따위 변명을 해!"

불난 데 부채질한 격이었다. 내가 야단 맞는 소리는 스크럽 간호사와 인턴선생, 심지어 척추 마취 상태인 환자의 귓가에까지 쩌렁쩌

렁 울렸다.

집도의로서의 체면이 땅에 떨어져 버린 것이었다. 나는 그렇게 고대하던 첫 집도가 왜 이리 엉망이 되었나 하는 자괴감과 대인관계에 매끄럽지 못했던 자신에 대한 부끄러움에 눈물이 핑 돌았다.

메스를 잡은 손이 떨려와 과연 이 상태로 수술을 할 수 있을까 고민스러웠다. 그렇지만 이럴수록 정신을 차려 매듭을 잘 지어야만 했다. 어떻게 수술을 마쳤는지 기억할 수조차 없었지만, 수술은 별탈 없이 성공적으로 끝났다. 그러나 나는 너무나 부끄러웠다.

나 혼자만 욕심부린 것 같아 선배들에게 미안했고, 뒷수습도 걱정스러웠다. 수술실을 나서는 나의 모습은 개선장군 같기는커녕 잔뜩 겁먹은 패잔병, 바로 그것이었다. 나는 붉어진 얼굴을 하고 수석 선생님과 3년차 선생님에게 다가갔다.

"양 선생, 축하해! 아주 훌륭한 솜씨였어!"

예상과 달리 두 분은 내 등을 툭툭 쳐주면서 나를 격려하고 칭찬해 주는 것이 아닌가. 나의 걱정과 수치는 눈 녹는 것처럼 사라져 버렸다. 그제서야 나는 수석 선생님이 왜 내게 심하게 야단을 쳤는지 이해할 수 있었다. 이런 시련(?) 덕택에 나는 교수님이 조수를 서주시며 사사師事해 주시는 정식 집도식도 무사히 마쳤다. ✿

맹장이 없는 환자

어느 날 외래 진료실에 전화가 걸려왔다. 내가 전화를 받자마자 "왼쪽 배가 아파서 그러는데 맹장이 어느 쪽에 있습니까?" 라는 한 여성의 목소리가 흘러나왔다.

"무슨 일 때문에 그러십니까?"

"남자는 오른쪽, 여자는 왼쪽에 맹장이 있다는데 맞습니까?"

"……."

기가 찼다. 남녀의 신체구조는 생식기관을 빼놓고는 그렇게 다르지 않다. 몰라도 너무 모른다 싶은 이러한 질문을 가끔 받게 되는 걸 보면 우리나라 사람들의 기본적인 의학상식은 아직 부족한 부분이 있는 듯 싶다.

맹장염, 그러니까 해부학적으로 충수돌기염은 외과의사들에겐 가장 인연이 많은 질병이다. 외과 질환중 발생빈도가 높아 흔히 접하게 되기 때문이다.

외과의사로서 맨 처음 집도를 하는 것이 맹장염이며, 곧잘 외과의사를 골탕 먹이는 것도 이 질환이다. 외과의사의 일생은 맹장으로 시작하여 맹장으로 끝난다는 말이 과언이 아닐 정도다. 그런데 이렇듯 흔한 맹장염의 진단이 쉽지 않은 데 문제가 있다. 노련한 외과의사들도 진단이나 수술에서 애를 먹는 경우가 많다. 왜냐하면 병력과 진찰 소견, 그리고 혈액검사로 백혈구 증가 여부를 알아보는 것 외에 확실한 진단법이 없기 때문이다. 요즈음에는 초음파와 복강경을 활용하기도 하지만 100%의 정확도는 아직 요원하다.

응급실 당직을 서고 있는데, 50대 중반의 여자 환자가 개인 병원의 응급차에 실려 왔다.

"어디가 어떻게 아프십니까?"

"한 이틀 전부터 오른쪽 배 아랫부분이 계속 아팠어요. 선생님, 아파서 죽겠어요!"

나는 환자의 상태를 살핀 후 환자를 데려 온 응급요원으로부터 환자가 급성맹장염이라는 진단을 받았다는 말을 들었다.

환자를 진찰하고 혈액을 뽑아 백혈구 수치를 본 결과 급성충수염, 즉 급성맹장염이 맞다는 판단이 들었다. 나는 곧바로 응급수술 준비에 들어갔다. 그런데 환자의 차트를 보다보니 특이사항이 있었다.

10여 년 전에 자궁근종자궁의 근육에 혹이 생기는 병으로 자궁전절제술자궁을 통째 들어내는 수술을 받은 병력이 있었던 것이다. 통상 산부인과 수술을 할 때 의사들은 특별한 문제가 없더라도 일종의 '서비스' 차원에서 맹장을 떼어내곤 했다.

"혹시 과거 자궁수술 받으셨을 때 의사 선생님으로부터 환자분의 맹장을 떼어냈다는 얘기는 못 들으셨나요?"

"예?"

"자궁수술을 할 때 맹장을 같이 떼어내기도 하거든요. 그래서 여쭤보는 겁니다."

"아뇨. 그런 말 못 들었는데요"

나는 환자의 말을 믿고 수술을 시작했다. 그러나 이게 웬일인가! 막상 환자의 배를 개복해 보니 아무리 찾아도 맹장충수돌기은 보이지 않는 것이었다. 말단 회장부맹장에 가까운 창자만 부종과 발적이 되어 있을 뿐이었다. 과거 자궁수술 당시에 맹장을 덤으로 떼어냈는데 환자가 그 사실을 몰랐던 것이다. 아마 환자가 기억을 못했거나 당시 집도의사의 설명이 부족했던 때문인 듯했다.

수술 후 진단은 비특이성 장염일반적인 배탈이었다. 수술실을 나온 내 심정은 황당, 그리고 참담 그 자체였다. 보호자한테 어떻게 설명을 해야 하나 생각하니 눈앞이 캄캄했다.

"어떻게 되었습니까, 선생님?"

"저…"

"왜 그러세요? 맹장수술이 잘못되었습니까?"

"그게 아니라… 환자분은 맹장염이 아닙니다."

"예? 좀 전에 맹장 수술하러 들어가신 게 아닌가요?"

"그렇긴 했는데요. 개복해보니 맹장이 없었습니다. 아마 몇 년전에 환자분이 자궁수술을 받으실 때 맹장을 함께 떼어낸 모양입니다. 그러니까 환자분은… 맹장염이 아니라 비특이성 장염입니다…"

어리둥절해서 내 말을 듣고 있던 환자의 보호자는 틀린 진단을 내렸다며 노발대발했다. 의사가 그것도 박사라는 사람이 흔하고 쉬운 맹장 하나 제대로 진단하지 못했다고 비난이 이만저만이 아니었다.

나는 쥐구멍에라도 들어가고 싶었다. 하지만 어쩌겠는가. 의사나 의학이 전지전능하지 않다는 사실을 납득시키는 일은 쉽지 않다. 이럴 때에는 수술 받고 누워 있는 환자의 신세가 부러워진다. 왜 칼잡이는 되어 가지고… 쯧쯧~. ✿

내과의사와 외과의사는 내외간?

회의장은 토론의 열기로 뜨겁게 달아올랐다. 식도정맥류파열^간경화가 있을 때 식도의 정맥이 늘어나 높은 압력으로 파열하여 대출혈이 일어난 상태 환자의 치료방법을 둘러싸고 외과의사와 내과의사의 설전이 한창이었다.

두 사람의 의견은 한 치의 양보도 없이 팽팽하게 대립되고 있었다. 내과의사가 한층 핏대를 올리며 강도 높은 주장을 펼쳤다.

"내시경으로 지혈을 하면 된다니까요!"

"그건 임시방편일 뿐입니다. 이 환자에겐 근본적인 치료법이 필요해요!"

"환자의 상태가 좋지 않은데 어떻게 수술을 진행할 수 있다고 보십니까?"

"환자의 건강이 수술을 견디기 어려울 정도로 나쁘지는 않습니다. 내시경으로 지혈을 해봐야 나중에 결국 수술을 하게 될 겁니다. 그렇게 하느니 지금 간문맥우회술식도정맥류파열을 치료하는 수술법을 하는 게 낫습니다."

맨 앞자리에서 조용히 두 의사들의 논쟁을 듣고 있던 진료부원장님이 자리에서 일어섰다. 그러자 두 사람은 순식간에 설전을 그쳤고, 장내엔 묵직한 침묵이 감돌았다. 진료부원장님은 환자의 X선 사진과 기록을 꼼꼼이 살펴보았다. 회의장의 모든 사람들의 눈과 귀가 그의 입으로 쏠렸다. 진료부원장님은 낮고 침착한 목소리로 결정을 내렸다.

"수술을 진행하기에 무리는 없어 보입니다. 이 환자에게 간문맥우회술을 시술하도록 하십시다."

우리는 부부간을 '내외간內外間'이라고 부른다. 전통적으로 남편은 주로 직장과 사회같이 집 바깥에서 일을 하며 돈을 벌어오고, 아내는 집안에서 자녀 기르기와 가족의 살림을 도맡아하기 때문에 활동영역에 따라 내외간이라 부르지 않았나 싶다.

근자에 와서는 맞벌이 부부가 늘어 부인 역시 남편 못지 않게 사회생활을 왕성하게 하므로, 이제는 내외간이 아닌 외외간外外間이라 불러야 하겠지만. 임상臨床의학의 내과內科와 외과外科는 질병을 다루는 데 있어 마치 부부사이 같이 협력과 보완관계에 있다.

내과와 외과는 치료방법에 따라 구분된다. 즉, 내과는 내복약으로 병을 치료하는 학문이고, 외과는 수술로 치료하는 학문이다.

일반 사람들은 내과와 외과의 차이에 대해 혼동하는 경우가 많다. 가장 흔하게 발생하는 오해가 내과는 신체의 내부기관을 다루고, 외과는 피부와 같은 신체의 외부기관을 다룬다는 것이다.

심한 경우는 내과가 수술을 하고 외과는 약을 주는 것으로 거꾸로 아는 경우도 있다. 이렇듯 과목의 성격과 전혀 상관없는 이름이 지어진 이유는 뭘까?

아마도 내과는 '인터널 메디슨Internal Medicine'을 직역해서 내과가 되고, 외과는 내과에 반대되는 개념으로 '엑스터널 메디슨External Medicine', 즉 외과가 되어 버린 것 같다. 수술의학Surgery이 졸지에 엉뚱한 이름을 갖게 된 것이다. 중국과 일본에서도 내과와 외과라는 용어를 사용하고 있으니 할 말은 없지만, 외과를 수술과手術科라고 불렀다면 일반인들의 혼동은 줄어들었을 것이다. 일반외과현재는 외과로 불리움, 흉부외과, 신경외과를 일반수술과, 흉부수술과, 신경수술과라고 부르면 좀 촌스러울까?

내과의사와 외과의사는 성격에도 많은 차이를 보인다. 내과의사는 차분하게 환자를 분석하고 치료해야 하므로 꽁생원(?) 같은 차분한 성격을 가진 반면, 외과의사들은 빨리 치료방침을 결정하지 않으면 위험해질 가능성이 있는 질환을 다루는 까닭에 화끈하고 성급한 면이 많다.

누군가는 식당에서 밥을 먹는 모습을 보아도 내과의사와 외과의사를 구별할 수 있다고 농담하기도 한다. 외과의사의 밥 먹는 속도는 내과의사에 비해 두 배 정도가 빠르다나?!

때때로 어떤 질병의 치료방법을 두고 내과적인 치료방법과 외과적인 치료방법이 양립하여 선택에 어려움이 따르기도 한다. 이럴 때에는 평소에 사이좋은 외과의사들과 내과의사들이라도 서로 대립하여 자신의 주장을 펼치게 된다.

간혹 회의장에서 언성을 높이며 논쟁을 벌이다가 감정이 나빠져 잠깐 냉랭한 분위기를 연출하기도 하는데, 시간이 지나면 화해하고 본래의 협력관계로 돌아간다. 결국은 환자의 질병을 물리치자는 공동의 목표 때문에 벌어진 일이니까. 내과의사와 외과의사의 싸움이야말로 칼로 물 베기인 부부싸움 같은것이 아닐까? ✿

임마, 너 생리하냐?

수술실에서 금방 나온 동료가 옷을 갈아입기 위해 탈의실에 들어섰다. 땀과 피곤함에 절어진 수술복을 벗어 던지는 그의 팬티는 온통 피로 물들어 있었다. 그 모습을 바라보고 있던 한 친구가 농담을 툭 던졌다.

"야, 이것 봐라! 너 오늘 생리하는 날이냐?"

"아냐, 임마! 알면서 왜 그래? 이거는…"

"오호라~ 외과의사들은 남자들도 생리하는 모양이지?"

친구의 짓궂은 놀림에 탈의실 안의 모든 사람들은 "와~" 하며 웃음을 터뜨렸다. 놀림을 받은 동료는 쑥스러운 듯 겸연쩍은 미소를 띠며 피투성이의 속옷 위에 바지를 걸쳐 입었다. 동료의 모습을 바라보던 나도 한 마디 거들었다.

"이 친구야, 그 상태에서 그냥 바지를 입으면 어떻게 해?"

"할 수 없지 뭐. 갈아입을 속옷도 없는데…"

"그러니까 미리 속옷을 사다가 두지 그랬어! 내 꺼라도 빌려줄까?"

"됐네, 이 사람아. 찝찝해서 남의 팬티를 입을 수 있겠냐?"

동료는 옷을 주섬주섬 걸친 후 탈의실 밖으로 사라졌다. 나는 속으로 혀를 끌끌 찼다. 이제 저 친구는 하루 종일 바지에 오줌을 지린 아이마냥 걸어다니겠군…

외과의사들은 수술이 주업이 되다보니 하루에도 여러 번 평상복에서 수술복으로 갈아입는다. 수술 중에는 본인이 흘리는 땀과 환자의 피고름에 온몸은 물론 옷까지 흠뻑 적시게 된다.

수술에 열중하다 보면 피할 틈도 없이 피가 튀어 눈 속으로 들어와 애꾸눈이 되기도 하고, 입고 있던 속옷이 환자의 피고름으로 염색되기 일쑤이다. 수술이 끝난 다음에는 흡사 오줌싸개마냥 꼴이 우습게 되어 버리고 만다.

특히 복막염 수술의 경우에는, 환자의 복강 내부를 생리식염수로 충분히 세척해야 하기 때문에 그날은 틀림없이 오줌싸개가 되어 버린다. 얼굴과 몸은 샤워해 버리면 그만이지만 피고름으로 얼룩진 옷을 입고 집에 갈 때까지 버텨야 하는 것은 정말 고역이 아닐 수 없다. 동료 중 어떤 이는 수술 후에 아예 노No팬티 차림으로 바지만 걸치고 다니기도 했다. 그러다가 정말 재수없게 바짓가랑이라도 터지는 날에는 아뿔사!

　물론 이런 일을 여러 번 겪어 본 외과의사의 가족들은 잘 이해해 주기는 하지만, 그래도 퇴근하여 옷을 벗어 빨랫감으로 내줄 때의 곤혹스러움이란 이루 말할 수 없다. 준비성 있는 친구들은 항상 병원에 여분의 내의를 준비해 두고 수술 후에 갈아입어서 슬기롭게 대처하지만, 이런 외과의사들이 그리 많은 것 같지는 않다. 누구는 여분의 옷으로 새로 바꿔 입고 집에 들어갔다가 큰 소동이 벌어지기도 했다. 사건의 전모는 이랬다. 하루는 외과의 내 친구 한 명이 저녁 늦게 수술을 마치고 황급히 탈의실에서 옷을 갈아입은 후 뛰어나갔다.

　그는 결혼한 지 며칠 되지 않았던 신혼이었기 때문에 조금이라도 빨리 귀가해 아내와 시간을 보내고 싶어했다. 그가 현관문을 열고 들어가자 그의 아내는 반갑게 남편을 맞이했다. 아내는 남편에게 목욕물을 받아두었으니 씻고 식사할 것을 권했고, 그는 행복한 심정으로 아내가 받아둔 목욕물에 피로한 육신을 뉘었다. 그 사이 남편이 벗어둔 옷을 정리하고 있던 아내는 남편이 입고 들어온 옷가지 중 낯선 속옷을 발견하게 되고… 아내의 머리 속에서는 의심의 먹구름이 무럭무럭 피어올랐고, 급기야 목욕을 하고 나온 남편을 향해 울음을 터뜨렸다.

　"여보, 어떻게 당신이 이럴 수가 있어요?"
　"왜 그래? 무슨 일이야?"
　그녀는 남편의 눈 앞에 속옷을 들어올렸다.

"이게 뭐냐구요? 당신 병원에서 오는 거 아니죠? 말해봐요. 어떤 여자예요?"

그는 어리둥절해하며 눈을 꿈벅이다가 웃음을 터뜨렸다. 무척 깔끔한 성격이었던 그는 수술 후 갈아입기 위해 여러 벌의 속옷을 병원에 준비해 두곤 했었는데, 갓 결혼한 아내가 그러한 사실을 알 턱이 없었던 것이다.

그는 너털웃음을 지으며 아내에게 자초지종을 설명했고, 아내는 자신이 공연한 오해를 한 것임을 깨닫고 의심을 풀 수 있었다.

이외에도 수술복과 평상복을 번갈아 입는 바람에 지갑이나 시계를 수술복에 넣어 두고 깜박해서 귀중품을 분실하는 일도 종종 있다. 옷을 자주 갈아입는 외과의사들만이 알 수 있는 '그들만의 고충'인 셈이다. ✿

어느 애국지사의 최후

흰 가운을 입고 수많은 환자들을 만난 이래, 내 머리 속에 강하고 뚜렷한 인상을 남긴 환자가 한 사람 있다. 그는 세상을 떠나는 마지막 순간까지도 나약한 환자로서가 아니라 국가와 민족을 가슴에 품은 꿋꿋한 군인으로 눈을 감은 분이다.

내가 그분을 처음 만난 것은 한낮에도 한기가 느껴지는 4월의 어느 날, 중부전선의 야전군 사단사령부에서였다.

그 당시 나는 군의학교에서 갓 훈련을 마친 신임 육군 대위 군의관이었다. 어설프게 군복을 차려입은 모습으로 사단장 앞에 처음 선 나는 별이 둘 달린 계급장만이 눈에 가득 찰 뿐, 그 외에는 아무것도 보지 못할 정도로 두려움과 기합이 꽉 들어차 있었다. 잔뜩 긴장하고 있는 나와 신임 군의관들의 귓가에 사단장의 목소리가 울렸다.

"이제 제군들은 우리 사단 장병들의 건강을 책임져야 할 막중한 임무를 지니게 되었다. 언제나 따뜻한 마음으로 장병들을 돌보아 주기 바란다."

약간은 카랑카랑하지만, 따뜻한 느낌의 목소리였다. 사단장님의 정감어린 훈계를 듣자 내 몸은 조금씩 긴장에서 벗어날 수 있었다.

내가 근무하던 사단 의무 근무대는 경치가 아주 빼어난 곳이었다. 부대 뒤로 한탄강이 유유히 흐르고, 공기는 더없이 맑았으며 산사를 연상시키는 고요함으로 고즈넉한 곳이었다. 사병들은 순박했고 대부분 건강하여 군의관이 한가로웠다.

나는 시험에 쫓기며 지내던 의대 시절과, 얼마 전까지 대학병원에서 환자들과 씨름하며 지냈던 생활이 까마득한 옛날로 느껴질 정도로 비교적 한가한 시간을 가질 수 있었다. 가끔 주말에 출장증을 얻어 서울로 놀러가는 여유와 스릴을 즐기며 지내던 8월의 어느 날이었다.

퇴근을 앞두고 있는 내게 사단장님의 당번병이 찾아와 사단장님이 급하게 군의관을 찾으신다는 전갈을 전해주었다. 나는 무슨 일일까 하는 호기심과 두근거리는 가슴으로 복장을 고치고 간단한 진료기구를 챙겨 들은 후 사단장 관사로 올라갔다. 관사에 도착한 나는 정중하게 거수경례를 하고 나서 사단장님을 바라보았다. 이렇게 가까운 거리에서 사단장님을 뵌 것은 처음이었다. 그분의 인상은 전형적인 무골형으로, 눈에서는 빛이 나고 한 일자로 닫힌 입술에는 강인

함과 단호함이 엿보였다.

"무슨 일로 부르셨습니까?"

"음, 배탈이 좀 났나 봐. 헛배가 부르고 통증이 있는데…"

대수롭시 않게 여기는 듯한 사단장님의 얘기를 들은 후 진찰을 해보니 장운동이 약간 항진(창자의 운동이 너무 활발한 상태)되어 있었고, 20여 년 전에 맹장수술을 받은 자리에 압통이 있는 상태였다.

"장염 같은 증세라고 할 수 있습니다. 혹시 옛날 맹장수술 부위에 부분적인 장 유착이 있어 통증이 생겼는지도 모르니 며칠간 식사는 유동식으로 드시고 안정을 취하셔야 합니다."

그 후 사흘이 지나자 사단장님으로부터 증상이 완전히 사라지고 완쾌되었다는 연락을 받았다. 그러나 나는 마음이 놓이지 않았다. 나는 용기를 내어 사단장 관사로 찾아갔다.

"병원에 가셔서 소장과 대장에 대한 정밀검사를 하시는 게 좋겠습니다. 빠를수록 좋으니 시간을 내셔야 합니다."

"그런가? 그럼 그렇게 하겠네."

그러나 사단장님은 근무에 쫓겨 검사를 받지 못했다.

시간이 흘러 아침저녁으로 선선한 바람이 부는 9월 어느 날, 아침에 부대에 출근하자 사단장님의 숙소에서 급히 찾는다는 연락이 왔다.

어젯밤 사단장님이 갑자기 복통을 일으켜 밤새 고생을 했다는 당번병의 전갈이었다. 나는 황급히 사단장님의 숙소로 달려갔다. 사단장님은 소파에 앉아 통증을 억지로 참고 있는 괴로운 모습으로 나를 맞았다.

"여보게, 뭔가 잘못되어도 단단히 잘못되었나 보네. 왜 이리 배가 아픈지 모르겠네."

증세는 심상치 않았다. 복부가 팽만하고 장의 운동이 거의 없었으며, 복부의 오른쪽 아랫부분에 압통이 아주 심했다. 분명한 장폐색장이 막히는 병증상이었다.

"소장이 막혀 있는 것 같습니다. 아무래도 심상치 않으니 지금 곧바로 병원으로 가서서 정밀검사를 받으셔야겠습니다."

"아니야, 오늘만은 무슨 일이 있어도 견뎌야 되네. 서울에서 귀빈이 오시는데 내가 브리핑을 해야 되거든. 진통제를 써서라도 오늘만 버틸 수 있게 해주게."

나는 순간 사단장님의 표정에서 자신과 싸워 이기겠다는 극기의 각오를 읽을 수 있었다.

"진통제를 놓아 진통을 시킬 수는 있습니다. 하지만 건강을 심각하게 생각 하셔야겠습니다."

나는 진통제를 주사하면서 용기를 내어 조언을 했다. 그러나 사단장님은 "하지만 나는 군인이라네" 라는 말을 남기고 지프에 올랐다. 흙먼지를 날리며 멀어져 가는 지프를 보면서 나는 부디 그분이 오늘만은 누구도 눈치채지 못하도록 통증이 없었으면 하고 마음속으로 빌었다. 그날 사단장님은 통증을 잊고 브리핑을 무사히 마쳤다. 진통제 덕분이라기보다 정신력으로 통증을 이겨냈을 것이다.

나는 고민에 빠지지 않을 수 없었다. 나는 의사이면서 부하이고, 사단장님은 환자이면서 나의 상관이었다. 내가 혹시 그분의 병을 너무 심각하게 판단하여 그분을 잘못 인도하고 있지 않나 하는 의구심이 머리를 맴돌았다. 나는 이제 갓 전문의가 되어 군에 입대한 햇병아리 군의관이 아닌가?

'아니야, 다시 천천히 생각해 보자! 내 판단으로 확실히 그분의 증세는 수술을 받아야 할 병임에 틀림없다. 무엇보다도 나는 그분의 건강을 최우선으로 생각해야 할 의사가 아닌가?'

나는 마음을 굳게 먹고 야전병원으로 연락하고 그분을 후송하기로 결심했다. 그분은 부대 일을 걱정하느라 약물 요법을 쓰며 조금 더 경과를 볼 수 없을까 하고 물었지만, 나는 야전병원에 며칠 입원해서 경과를 살펴야 한다고 적극 권하였다.

사단장님을 야전병원에 입원시킨 후 그곳 병원의 군의관들과 상의하며 이틀간 X레이 촬영과 혈액검사를 실시한 결과, 장폐색이 확실하다는 진단을 얻었다. 그러나 그 원인은 도무지 밝혀낼 수 없었고, 병세는 호전되지 않았다. 위에 튜브를 꽂아 배액을 시켜 장폐색을 풀어 보려 했지만 별 성과가 없어서 수술을 해야만 했다. 병원장 이하 여러 군의관들과 숙의를 거친 끝에 사단장님은 수도통합병원으로 후송되어 수술을 받았다.

수술 결과는 소장을 암덩어리가 막고 있는 상황으로, 소장암에 의한 장폐색 증상이었다. 수술 후 경과가 좋고 전이가 없다고 판단되어 한 달쯤 지나 사단장님은 다시 원대로 복귀, 정상 집무를 시작했지만, 운명의 여신은 그분을 그대로 두지 않았다.

수술 후 3개월이 지나 전이가 시작되자 사단장님은 항암제 요법을 받아야 했고, 그 부작용으로 탈모가 되고 소화장애, 전신쇠약, 고열, 복통 등에 시달려야 했다. 그럼에도 불구하고 사단장님은 갖은 악조건 속에서도 다른 사람에게 내색하지 않고 본인의 직무에 충실해, 모두들 그 모습에 고개를 숙였다.

나는 몇 번이나 의사로서 충언을 드렸지만, 사단장님은 본인이 못 견디겠구나 하는 상황이 오면 스스로 진퇴를 결정하겠다며 부대 일과 책무에 더욱 강한 집착을 보였다. 그러다가 병세가 깊어져 간으로의 전이가 일어나자, 사단장님은 스스로 사임했다. 이듬해 결국 그분은 숨을 거두었고, 국립묘지에 안장되었다. 사단장님의 유언은 "내가 조국을 위해 저 세상에서도 할 일이 있기를 바란다"는 것이었다.

병세가 재발하여 악화일로일 때 사단장님이 나에게 한 말씀이 지금도 나의 귀를 울린다.

"과학이 발달한 현대에도 의사들이 암의 원인을 이렇게 모르고 있다니 한심한 노릇이다. 지금 암치료법이란 것이 내가 판단하기에는 마치 화가가 흰 도화지 위에 아무 생각 없이 빨간색, 파란색을 마음대로 이리저리 칠하는 것 같으니 말이다. 어서 빨리 암을 완치시키는 방법을 연구해 보아라."

그러나 그로부터 30여 년의 세월이 흐른 지금도 암은 난치병으로서 우리나라뿐아니라 전 세계 사망원인의 1위로 꼽히고 있다. ✿

외과의사의 달러 박스(?)

응급실 수간호사인 김 간호사가 갑자기 배를 움켜쥐고 쓰러졌다. 응급실 안의 모든 의사들과 간호사들은 눈이 휘둥그레졌고, 나와 몇 명의 의사들은 황급히 그녀를 침상 위로 옮겼다. 검사 결과, 김 간호사의 쓸개 안에 제법 큰 담석이 자리잡고 있는 것이 발견되었다.

우리들은 놀라움과 당혹감에 휩싸였다. 병원 직원들은 정기적으로 건강검진을 받기 때문에, 그녀는 자신의 몸 상태에 대해서 잘 알고 있었을 터였다. 나는 그녀가 자신의 쓸개가 담석을 잘 만들어낸다며 웃던 기억을 떠올렸다.

그때 나는 그녀가 당연히 치료를 받았을 것이라 생각했는데, 그냥 놔두었던 모양이었다. 충분한 의학적 지식을 갖춘 그녀가 자신의 몸 안에 있는 담석을 그대로 방치했다는 사실이 선뜻 납득이 가지 않았다. 나는 김 간호사가 누워 있는 침상으로 갔다. 간단한 처치를 받은 김 간호사의 의식은 돌아와 있었다.

"김 간호사님, 설마 담석이 있다는 사실을 몰랐다고는 하지 않으시겠죠?"

"물론 알고 있었어요…"

"그런데 왜 치료를 안 받으셨어요?"

"그게…저…"

"잘 아시면서 왜 방치해 두셨냐구요? 발견했을 때 바로 치료받으면 문제없이 완쾌될 수 있다는 거 아시잖아요?"

"수술 받는 게 무섭잖아요. 흉터가 생길 지도 모르고…"

"예?"

우리나라 속담에 이리 붙었다 저리 붙었다 하며 지조 없이 흔들리는 사람을 가리켜 '쓸개 빠진 사람' 또는 '쓸개 없는 사람'이라고 한다. 서양에서도 우울증을 '멜랑콜리melancholy'라고 하는데, 어원을 따져 보면 쓸개와 연관이 있다.

왜 쓸개가 이러한 의미로 사용되는지 알 수는 없지만, 동서양 모두 공통적으로 쓸개를 인간의 정신에 영향을 미치는 기관으로 생각하고 있었던 것 같다. 우리나라에서 쓸개에 관한 한 웅담熊膽을 빼놓고는 이야기가 되지 않는다.

웅담은 간이나 정력에 좋은 신비의 영약으로 알려져 있어 고가로 팔리고 있으며, 돈이 있어도 구하기 쉽지 않다. 언젠가는 곰을 사육하며 살아 있는 상태에서 곰의 담즙을 빼내 약으로 마신다는 사실이 텔레비전에 보도되어 화제가 된 적도 있다. 의학적으로 말하자면 곰에게 경피담낭조루술經皮膽囊造瘻術을 하여 담즙을 체외로 빼내는 고도의 수술을 한 것이다. 놀라운 일이다. 사람들이 왜 쓸개를 그렇게 중요하게 생각하는지 모를 일이지만, 의학적으로 쓸개의 역할은 간에서 만들어진 소화액의 일종인 담즙이 십이지장으로 내려가기 전에 저장되는 단순한 저장고 기능외에 하는 일은 거의 없다.

그렇지만 쓸개는 외과의사에게 중요한 호구지책糊口之策이 되곤 했다. 레지던트 시절, 당직근무를 할 때면 나는 꼭 한 건씩의 위나 십이지장 궤양수술을 했다. 위나 십이지장은 외과의사의 밥통줄(?)이라 할 만했고, 그래서 의사들은 쓸개와 위, 십이지장이 모여있는 부위를 '외과의사의 달러 박스(?)' 라고 불렀다. 다행히 현재는 이러한 궤양수술이 한 달에 한 번도 보기 힘들 정도로 줄어들었다. 내과적인 치료법의 발달 덕분에 위궤양이나 십이지장궤양이 수술을 받아야 할 정도로 심하게 진행되거나 천공, 출혈을 일으키는 경우가 흔하지 않게 된 것이다.

쓸개에 발생하는 담석은 그 원인이 아직 확실치 않지만, 그대로 방치될 경우 담낭염을 일으키는 수가 많으므로 치료를 해서 없애는 것이 좋다. 담석을 녹이는 데에는 내과적인 치료보다 외과의사의 칼솜씨가 효과를 발휘하기도 한다. 최근에는 칼 대신 체외충격파몸밖에서 초음파 충격을 주는 방법을 이용한 쇄석기돌을 부수는 기계라든지 배를 째지 않고 여러 개의 조그만 구멍을 뚫어 그 구멍을 통해 담낭을 떼어내는 복강경담낭절제술이 많은 각광을 받고 있다.

외과의사들 사이에 전해져 오던 잠언인 '길게 째야 위대한 외과의사다. Big Surgeon, Big Incison'라는 말은 이제는 틀린 말이 되었다. 즉, 과거에는 위대한 외과의사일수록 절개창을 크게 만들어 담대함과 손재주를 한껏 뽐냈지만, 현재는 같은 수술이라도 작게 절개해야 명의로 불릴 수 있다. 맹장수술의 경우에도 사람들은 수술 상처가 10바늘인 것보다 5바늘로 한 경우를 더 손재주 좋은 외과의사로 판단한다. 쓸개의 담석도 복강경을 이용하여 수술함으로써 상처를 작게 내고 회복도 빨라지게 되었다. 덕분에 수술에 대한 두려움이 많이 없어져 옛날 같았으면 마지못해 또는 참다못해 어쩔수 없이 수술받던 환자들은 물론이고 별 증상이 없는 담석증 환자들까지도 수술을 원하게 되었다. 바야흐로 쓸개 없는 사람들이 점점 늘어가고 있는 것이다. ✿

오백원짜리 촌지

　　인턴 시절, 내과병동에 근무했을 때의 일이다. 외래를 통해 몹시 숨이 가쁜 호흡부전증폐에 질환이 생겨 혈액에 산소가 모자라게 되는 경우 환자가 입원했다. 이 할아버지 환자의 입원 당시 진단은 급성폐렴이었는데, 폐암의 가능성도 있었다.

　　할아버지는 시골에서 농부로 건강하게 지내시다가 서울에 사는 아들네 집에 놀러 오셨다고 했다. 본인의 표현으로는 자식이 달동네에 사는 탓에 난방이 시원찮아 감기에 걸린 것뿐인데 자식들이 성화를 해서 입원했다는 것이다.

　　할아버지에게 객담검사를 비롯하여 여러 검사를 실시한 결과, 전혀 손을 쓸 수 없을 정도로 진행된 폐암이 확실했다. 할아버지는 항암제나 방사선치료도 듣지 않고, 몇 개월 내에 사망에 이르게 되는 최악의 상태에 있었던 것이다. 환자의 상태는 급속도로 나빠져 갔다. 그러나 할아버지는 자신의 병을 낫게 하지 못하는데도 내게 깍듯이 예의를 갖추며 고마워했다. 검사를 하는 며칠간 가장 많은 접촉을 한 의사라서 정이 들었던 것일까.

"선생님, 이 늙은이 때문에 고생이 많으신데 이거 좀 받아 주세요."

할아버지는 뭔가 꼬깃꼬깃한 종이를 나의 손에 쥐어 주었다. 얼핏 생각하기에 돈이구나 싶어 나는 손사래를 쳤다.

"아닙니다. 고생은 할아버지가 하시잖아요. 그러지 마시고 약값에 보태 쓰세요."

"별 말씀을요. 저 때문에 선생님께서 괜시리 고생이 많으십니다. 부족하지만 성의라 생각하시고 받아주세요."

"아닙니다. 저는 제 할 일을 하고 있을 뿐입니다."

서로 밀고 당기기를 서너 번. 결국 나는 도망치는 데 성공했다. 마음은 개운치 않았지만 하는 수 없었다.

사람들은 여러 가지 방법으로 감사의 표시를 한다. "감사합니다" "고맙습니다"라는 말로써 고마움을 나타내기도 하고, 때로는 물건이나 돈으로 자신의 감정을 대신하는 수도 있다.

의사도 병든 환자들을 돌보는 직업인지라 치료 결과에 만족해하는 환자와 보호자들의 '물질적인 인사'를 대할 때가 종종 있다. 어떤 경우에는 오히려 의사 쪽에서 도와주고 싶을 만큼 경제적 형편이 안

좋은 환자가 부유한 형편의 환자처럼 고마움을 표시하기도 한다. 그러나 물질이 사람의 감정 표현을 대신할 때에는 표현의 주체나 목적 대상의 사고방식, 그리고 사회 통념에 따라 오해를 불러일으킬 수도 있다. '물질적인 인사'를 접한 의사들은 대부분 난처해한다.

만일 거절을 하면 환자나 보호자는 의사가 자신들의 성의를 무시하는 것으로 오해해 화를 내기도 한다. 그렇다고 그냥 받아넘기기에는 환자의 형편을 뻔히 알고 있는 터라 부담스럽다. "고맙다"는 말과 고개를 숙이는 행동만으로도 치료하는 동안의 고생이 상쇄되고도 남는데…

할아버지가 내게 주려고 했던 '종이'의 실체를 알게 된 것은 할아버지가 돌아가시고 난 직후였다. 할아버지는 나와 실랑이를 벌였던 바로 다음날 새벽, 혼수상태에 빠졌다. 급히 달려간 나는 할 수 있는 모든 응급조치를 취했지만, 할아버지는 깨어나지 못했다. 내 옆에 서 있던 동료는 땀을 흘리며 심폐소생술에 매달리고 있는 내 어깨를 잡았다.

"이제 그만해… 숨을 거두신 지 오래야…"

맥이 탁 풀렸다. 환자의 심장박동을 체크하는 심전도 기계는 일직선을 그리며 할아버지는 이미 세상을 떠났다고 말해주고 있었다. 할아버지는 깊은 잠에 빠진 듯 편안해 보였다. 나는 솟아오르려는 눈물을 꾹 참으며 할아버지의 몸을 하얀 시트로 덮었다. 나는 침상을 물끄러미 바라보다가 할아버지의 머리맡에 꼬깃꼬깃하게 말린

'종이'가 놓여 있는 것을 발견했다. 그것은 다름 아닌 오 백원짜리 지폐였다. 당시가 70년대 중반이었으니 현재 오육천 원에 해당하는 금액이다. 할아버지는 내가 돈이 너무 적어서 거절한 것처럼 오해했을지도 모른다는 생각이 들었다. 나는 몸을 숙여 할아버지의 귀에 대고 속삭였다.

"할아버지, 그게 아니란 거 아시지요? 부디 편안히 가세요… 편안히 가십시오…" ❁

2부

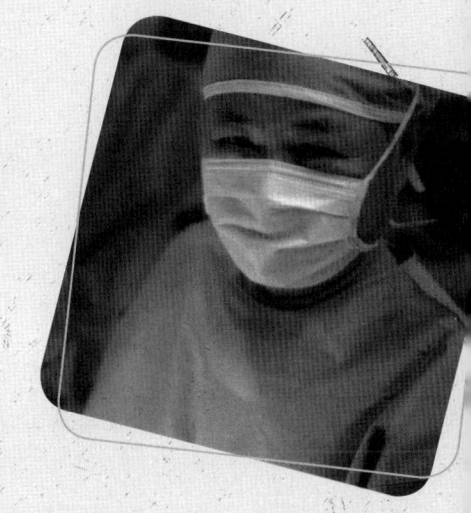

인생은 짧고 의술은 길다!

의사는 잠꾸러기

한창 신경을 집중하여 수술을 집도하고 있는 내 어깨에 뭔가가 툭 부딪쳤다. 깜짝 놀라 옆을 바라보니 내 바로 옆에서 조수를 서고 있던 레지던트가 졸음이 왔던지 꾸벅꾸벅 졸다가 나의 어깨를 머리로 받은 것이 아닌가?

'수술을 시작한 지 얼마 되지도 않았는데… 오라! 요 녀석, 너 잘 걸렸다'

이 레지던트는 이번뿐만 아니라 상습적으로 수술실에서 졸곤 하던 친구였다. 나는 속으로 쾌재를 부르면서 이번 기회에 단단히 버릇을 고쳐 놓겠다고 마음을 먹었다.

"이보게, 여기가 어디라고 졸고 있는 거야!"

내 호통 소리에 놀란 레지던트는 눈을 번쩍 떴다. 수술실 안의 모든 의료진이 자신을 바라보고 있는 것을 깨달은 레지던트는 당황해서 어쩔 줄 몰랐다.

"이 친구야, 여기는 수술실이야. 환자의 생명을 다루는 수술실이라고!"

"죄송합니다, 교수님. 졸음이 와서 그만…"

"자네가 버스를 타고 있는데 자네 목숨을 책임지고 있는 버스기사가 졸음운전을 하고 있다면 어떻겠는가? 당장 호통을 치든가 버스에서 뛰어 내리려고 할 걸세. 수술에 참여하고 있는 자네가 졸고 있으면 지금 이 환자의 처지가 졸음운전을 하고 있는 기사에게 목숨을 맡긴 승객과 무엇이 다르겠느냐 말이야!"

내가 호랑이 눈을 하고 쏘아보자 레지던트는 식은땀을 흘리며 연신 "잘못했습니다"를 연발했다. 나는 속으로 회심의 미소를 지었다.

보통 수술에는 서너 명의 의사가 참여한다. 물론 작은 수술의 경우에는 집도의 혼자서 할 수도 있지만, 전신마취를 하는 중대한 수술에는 여러 명의 의사가 동참한다. 여기에 간호사가 둘 또는 셋, 마취의사가 한두 명 가량 더 있으므로, 한 명의 수술 환자에 관여하는 인력이 여섯에서 열 명 정도가 된다.

집도의는 수술에 있어서 가장 중요한 사람으로서 수술의 중요 부분인 장기를 잘라내고 꿰매고 잇는 과정을 시행하고, 그 외 다른 의사들은 경험과 연륜에 따라 제 1조수, 제 2조수, 제 3조수가 된다. 제1조수는 조수들 중 제일 연륜이 높고 경험이 많은 사람으로, 수술이 잘되도록 집도의를 돕는 역할로 지혈을 거들거나 마무리 일을 도 맡는다. 제 2조수, 제 3조수는 수술 시야를 좋게 하여 수술이 잘되도록 도와 주는 역할을 한다.

배에 선장을 비롯한 항해사, 갑판장 등 여러 역할을 맡은 사람들이 있어서 서로 조화롭게 임무를 수행해야 항해가 순조롭듯이, 수술도 마찬가지다. 집도의가 선장이라면, 제 1조수는 항해사가 된다. 수술에 참여한 모든 의료진이 맡은 바에 충실하고 조화를 이루어야 수술이 성공할 수 있는 것이다.

집도의를 보조하는 의사들은 견인구_{수술 시야를 좋게 하는 기구}를 잡아 당겨야 하는데, 이 일은 힘만 들지 신경을 많이 써야 하는 일이 아니어서 졸음이 오기 십상이다. 제 2조수나 제 3조수가 하는 일이 바로 이 일이다. 사실 나도 인턴, 레지던트 같은 수련의 시절에 수술실에서 견인구를 붙들고 졸다가 집도의에게 여러번 야단맞은 경험이 있다.

혹자는 삶과 죽음의 갈림길이 결정되는 현장인 수술실에서 의사가 어떻게 졸 수 있나 하고 걱정할지 모르지만, 사실 조수 한 명이 잠깐 조는 경우는 그렇게 큰 문제는 아니다. 수술을 집도하는 의사가 존다면 졸음운전을 하는 버스기사처럼 위험천만이겠지만, 집도의는 수술 처음부터 끝까지 초긴장 상태여서 졸래야 졸 수도 없다. 그러나 제 2, 3조수를 맡는 레지던트나 인턴은 보통 하루 걸러 당직을 하며 밤을 새우니까 마냥 졸릴 수밖에 없다.

내게 야단을 맞은 레지던트도 장시간 견인구를 붙들고 별로 하는 일이 없으니 긴장이 풀려 졸고 있던 차에 집도의에게 들키게 된 것이다. 이런 잠꾸러기 의사를 없애려면 의사도 간호사들처럼 하루 8시간 근무제를 하면 좋으련만, 의사들의 근무 환경이 좋다는 미국에도 이런 제도는 없는 것 같으니 우리에게는 더욱 요원한 일인 듯싶다. ✿

전화진맥

"따르릉, 따르릉~"

진료시간에 책상 위의 전화기가 울렸다. 수화기를 들자마자 다짜고짜 쏟아지는 소리.

"여보세요, 거기 외과죠? 맹장수술 하는데 얼마나 들죠?"

이런 전화를 받을 때마다 당황하는 쪽은 항상 나다. 항간에서 가장 쉽게 생각하는 수술, 소위 맹장수술도 위치에 따라 앞배, 뒷배 다르고 급성, 만성 맹장이 다르며, 고름주머니가 터져 그야말로 뱃속이 떡이 되어 있는 경우 등 외과의사들을 골탕먹이는 경우는 가지각색이다. 그러나 전화기 속의 상대방은 증세와 상관 없이 얼마냐고 가격만 간단히 이야기해 달라고 하니 고민스러운 일이다.

더욱 민망한 것은 필시 어느 의사로부터 맹장염이라는 진단을 받고 서둘러 수술을 받아야 한다는 설명을 들었을 텐데, 빨리 수술 받을 생각은 하지 않고 어떻게 여유있게 이 병원, 저 병원에 전화를 걸어 가격을 흥정할 수 있을까 하는 점이다. 그렇지만 수화기 저편에 있는 사람은 경세적인 사정 때문에 저렇게 딱하게 전화하는 것일지도 모를일이다.

그래서 나는 맹장수술비가 대략 얼마 정도 되는지를 중세에 따른 부연설명까지 곁들여가며 친절하게 얘기해주었다. 요즈음 지탄받는 불친절한 의사가 되지 않기 위해서라도 말이다. 그렇게 되면 저쪽의 반응은 대개는 "알겠어요" 하고 뚝 끊어 버리거나 "무척 비싸군요. 다른 병원은 얼마인데" 하고 나온다.

이러한 말을 듣고 있으면 나 자신이 한심하다는 생각이 든다. 마치 시장터에서 이 가게, 저 가게 들르며 싼 물건을 찾는 손님의 눈치를 맞추며 하나라도 더 팔기 위해 기를 쓰는 상인의 입장이 되었다고나 할까. 자고로 의술은 인술仁術이라고 했는데 아니, 혹시 인술仁術이 아니라 참을 인忍자를 써서 인술忍術로 고쳐야 되는 건 아니까? 참자. 참는 자에게 복이 있으리니.

또 다른 어느 날, 연구실에 앉아 있는데 "따르릉, 따르릉" 하고 전화벨이 울렸다.

"예, 외과입니다."

"안녕하세요? 며칠 전에 거기서 진찰을 받았던 환자인데요."

"아, 그러셨습니까? 무슨 문제 때문에 진찰을 받으셨죠?"

"유방이 아파서 진찰을 받았었거든요. 그런데 오늘은 다른 문제 때문에 전화했어요."

"예, 말씀하세요."

"아침 먹고 나서 배가 싸르르 아프고 머리도 아픈데, 이게 무슨 병이죠?"

"?"

이쯤 되면 왕비의 팔에 실을 매달고 문 밖에서 전의典醫가 진맥을 하고 있는 모습이 떠오른다. 이른바 전화 진맥을 해달라는 이야기이다. 이럴 때에는 한편으로는 테스트당하는 기분이 들기도 한다. 나라고 무슨 용쓰는 재주가 있겠는가?

결국 "많이 아프시면 병원으로 나오세요. 그렇게 말씀만 들어서는 모르겠고, 진찰하고 검사를 해보아야 병명을 알 수 있어요" 라는 우답을 하는 수밖에 없다. 이런 말은 의사가 아니더라도 할 수 있는 대답이다. 나는 공연한 자격지심에 힘없이 전화기를 내려놓는다. 제기랄! 나는 왜 이리 재주가 없는 의사일까? 더욱 더 공부하고 노력하여 하나를 들으면 열을 깨우치는 명의가 될 수 없을까? 두드려라. 그러면 열리리라!

"따르릉, 따르릉~"

또 벨이 울린다. 금방 무슨 꿈인가를 꾼 것 같은데… 전화벨이 꿈 속에서 울리는 건지 현실에서 울리는 건지 그야말로 비몽사몽이다. 손을 뻗어 침대 머리맡에 있는 전화기를 잡는다. 눈을 부비며 시계를 보니 새벽 2시.

"여보세요?"

"여기 병원인데요. 오늘 당직 아무개입니다. 저녁 무렵 응급실에서 입원한 환자가 토혈을 했습니다. 몇 시간 동안 수혈을 해도 계속 혈압이 안 오르는데 아무래도 응급 수술이 필요할 것 같습니다. 선생님께서 나와 주셔야겠습니다."

다급한 목소리로 나를 찾는 당직 레지던트의 목소리에 정신이 번쩍 든다. 이제야 전화다운 전화를 받았나 보다. 잠은 저만큼 달아나고 토혈의 원인은 십이지장궤양일까? 아니면 식도정맥류파열일까? 아니 혹시 위암이 아닐까? 그렇다면 복부 절개는 어느 쪽으로 해야 하나? 부리나케 대문을 나서는 내 머릿속은 점점 복잡해졌다. 누가 말했던가? 인생은 짧다. 그러나 의술은 길다고. ❀

나의 아버지

가을에는 우리 겨레 최대의 명절인 추석이 있다. "더도 말고 덜도 말고 모든 날이 한가위만 같아라"고 선조들이 표현했던 것처럼, 사계절 중 추석만큼 풍성하고 넉넉한 시기는 없는 것 같다.

속이 단단하게 여문 열매를 주렁주렁 매달고 늘어서 있는 과일나무와 묵직하게 고개를 숙이고 있는 벼를 바라보고 있노라면, 이렇게 풍요로운 수확을 거두게 해준 대자연과 선조들에게 감사를 드리며, 새삼 내가 살아있다는 사실을 가슴 벅차게 느끼게 된다.

그러나 이렇듯 아름다운 추석이 와도 병상에서 고독하게 병마와 투쟁을 벌이고 있는 환자들을 보면 가슴이 저려온다. 추석을 앞둔 어느 날, 병실을 회진하다가 유방암을 앓고 있는 여성 환자의 앞에 이르렀다. 그녀는 유방암세포가 폐와 간에까지 퍼져 있는 말기 환자였다. 그녀의 힘겨운 숨결에서 '과연 사람은 왜 태어나고 병들며 죽어가는가' 라는 의문이 떠올랐다. 그녀는 점점 힘을 잃어 가는 눈빛으로 나를 응시하며 물었다.

"선생님, 곧 나아지겠죠?"

"예, 기운을 잃지 마시고요, 이전처럼 식사와 약 드시는 거 거르면 안됩니다."

"그렇게 할께요… 그럼 점점 나아질 꺼에요. 그렇죠?"

들릴락 말락하며 꺼져 들어가는 그녀의 속삭임 속에서 나는 또 한 번 아버지를 마주하고 있었다.

나의 아버지는 1980년대 말 몹쓸 병마를 극복하지 못하고 끝내 눈을 감으셨다. 분명히 겨울이었지만, 유난히 포근하고 따뜻해서 마치 가을 같은 날씨가 계속되던 어느날이었다.

아버지의 생명을 앗아간 병명은 간암이었다. 아버지는 돌아가시기 4~5년 전에 간경화로 진단을 받으셨고, 이후 이것이 간암으로 발전했던 것이다. 간암 선고를 받았을 때에는 큰 암덩어리가 수술을 생각하기 어려운 위치에 자리 잡고 있었다.

처음에는 간동맥으로 항암제 투여와 색전술간동맥을 막아 암세포를 못 자라게 하는 방법을 몇 번 시도했다. 그 당시로서는 최신 치료법이었지만 효과가 없어 다시 수술을 받으셨는데, 후유증 때문에 결국 세상을 떠나시고 말았던 것이다.

아들이 의사이면서도 손 한 번 제대로 못 쓴 채 괴로움만 안겨

드리고 편안하게 보내 드리지도 못해, 돌이켜 보면 회한의 정이 북받칠 뿐이다. 철없던 코흘리개 꼬마 시절부터 심신이 아픈 환자들을 따뜻하게 보살펴 주는 의사만이 내가 갈 길이라고 일깨워 주신 아버지, 그 덕분에 오늘날 나는 의사로서 이 풍진 세상에 조금이나마 도움이 되는 일을 하고 살아가게 되었다.

아버지의 따뜻한 가르침에 다시 한 번 고개 숙여 마음 속 깊이 고마움을 표시하고 싶다. 그러나 자식이 의사였다는 사실이 정작 아버지의 병환에는 아무런 도움이 되지 못했다. 왜 우리에게는 정복할 수 없는 불치의 병마가 존재하는 것일까?

매년 추석이 되면 나는 아버지의 산소를 찾아간다. 서울을 떠나 고향으로 가는 길이 차가 많아 혼잡하고 평소보다 두세 배 걸린다 해도 나는 추석 성묘를 거른 적이 없다.

차에서 내려 코스모스가 하늘하늘 바람결에 춤추는 들길을 따라가다 개울을 건너고, 조용한 산길을 돌아 돌아 가다보면 다리가 아파오고 숨결이 가빠진다. 바로 이때쯤이 되면 산마루에 고즈넉하게 자리잡은 산소가 보인다.

산소 가는 길에 들국화가 피어있어 한 아름 꺾어 들고 가 산소 앞에 놓아 드리고 싶어진다. 들국화 향기가 내 몸에 배어 있는 병원의 소독 냄새를 중화시키고 바쁜 일상에 찌든 내 머릿속을 정화시켜 주어, 내 마음은 한층 가벼워진다.

언젠가 플레밍이 세균을 죽이는 푸른 곰팡이를 발견한 것과 같이 암을 완치시킬 수 있는 위대한 발견이 있어 모든 죽어가는 사람들이 새 생명을 얻는 날이 오기를 기원하면서 나는 아버지의 산소로 발걸음을 옮긴다. ✿

스웨덴 할머니

외과 전문의 자격을 딴 후 교환교수 신분으로 1년동안 외국 연수를 다녀온 경험이 있다. 전문의 자격을 딴 의사들은 보통 교환교수라는 이름으로 연수를 떠나 선진의학을 배워오게 되는데, 나는 스웨덴과 미국 등을 다녀왔다.

내가 스웨덴 스톡홀름의 병원에서 연수받고 있었을 때의 일이다. 나는 병원에서 소개해 준 어느 할머니의 아파트에서 기거했다. 이 할머니는 노동자 조합에서 비서로 일했는데, 남편과는 이미 10년 전쯤에 이혼했고, 하나 있는 딸은 스웨덴 남부도시에 유학중이었다.

여러모로 마음이 적적하고 쓸쓸했던 할머니는 병원 직원 중에 하숙을 원하는 사람이 있으면 받고 싶다고 연락했고, 그리하여 나와의 인연이 만들어지게 된 것이다. 20평 남짓한 자그마한 아파트는 방이 두 개였고 부엌과 목욕탕을 같이 써야 하는 것이 흠이었지만, 외국 할머니와 같이 생활해 보는 것도 새로운 경험일 듯해 걱정 반 기대 반으로 하숙 생활을 시작했다.

서로 식사 준비시간을 다르게 해서 부엌을 사용하기로 했는데, 교포에게서 얻은 김치를 냉장고에서 몰래 꺼내어 먹을 때에는 냄새가 날까봐 조마조마했다. 어느 날인가 결국 들키고 말았지만 할머니는 오히려 민망해하는 나에게 한 번 먹어봐도 되느냐고 물었고, 김치가 맛있다고 말하는 바람에 신이 난 나는 덤으로 라면 끓이는 법을 할머니에게 강의해주었다. 어느 주말에는 할머니의 젊은 시절 애인이었던 할아버지가 찾아와, 할머니와 함께 만찬을 준비하며 즐거운 시간을 보내기도 했다.

어느 날 저녁이었다. 병원에서 돌아온 나는 가방을 내려놓자마자 할머니의 방으로 가서 문을 두드렸다. 내가 퇴근하는 시각이면 늘 나와서 반겨 주셨던 할머니가 보이지 않는 것이 이상했기 때문이었다. 방문을 열자 얼굴을 찡그린 채 침대에 누워 있는 할머니의 모습이 보였다.

"왜 그러세요? 어디가 아프세요?"

"응. 자꾸 귀가 아프네…"

나는 갖고 있던 간단한 도구를 사용해서 할머니의 귀 안을 살펴보았다. 할머니의 귀 안에는 염증이 있었다.

"할머니, 일어나세요. 병원에 가셔야 되겠어요."

"가봐야 소용없어. 괜찮아."

"무슨 말씀이세요? 이렇게 편찮으신데 당연히 병원에 가셔야죠."

나는 가지 않겠다고 고집을 부리는 할머니를 모시고 동네 보건소를 찾아갔다. 그러나 의사는 할머니를 간단하게 진찰한 후 다른 검사나 엑스레이 등 아무것도 하지 않고, 달랑 약만 보름분을 지어주며 약이 떨어지면 다시 오라고 하는 것이 아닌가? 이상한 일이었다. 내가 보기에 그는 이비인후과 전문의도 아닌 듯했다. 집으로 돌아오는 길에 나는 할머니에게 큰 병원으로 가자고 떼를 썼다. 하지만 할머니는 한사코 안된다며 손을 저었다.

"도대체 왜 그러시는 거예요?"

"큰 병원을 찾아가려면 꼭 처음 본 의사의 소견을 받아가야 돼. 그런데 첫 의사가 보름 후에 보자고 했으니, 그 말을 들을 수밖에 없지."

"그런 법이 어디 있어요?"

"닥터 양의 나라에서는 어떤지 모르지만, 우리나라는 종합병원에서 진찰받는 게 쉬운 일이 아니라고."

할머니는 귀에 더 심한 통증을 느끼면서도 꾹 참으며 보름 동안을 기다렸다. 우리나라 같으면 벌써 다른 의사를 찾아 큰 병원으로 갔을 테지만.

스웨덴에서는 국가가 치료비 전액을 보장하다시피 하고, 의사들은 모두 월급제로 일한다. 의사들이 받는 보수는 상당히 적다. 당연히 열심히 일하는 의사를 찾기 어려워, 환자들은 의사의 진찰을 받기 위해 여러 날을 기다려야 한다. 또한 종합병원을 가려고 해도 여러 단계를 거쳐야 하는데, 이것도 반드시 보건소라는 정식 루트를 통해 예약을 해서 지정된 병원으로 가야한다.

자신이 진찰받을 의사를 임의로 선택하는 것도 거의 불가능하다. 스웨덴이 자랑하는 의료보험제도에도 이러한 문제점이 있었던 것이다. 할머니가 대학병원에서 진찰을 받기까지 소요된 시간은 무려 한 달 반이었다. 그 사이에 할머니의 병세는 더 악화되었고, 뒤늦게 만난 대학병원 의사로부터 왜 처음 진료한 의사의 말을 무조건 따랐느냐는 힐난만 들었다. 할머니의 증세는 급성중이염으로, 고작 일 주일간 치료받으면 나을 수 있었는데도 두 달이나 고생을 해야 했다. 할머니의 모습을 보면서, 우리나라의 의료제도가 더 낫다는 생각이 들었다.

할머니와는 듬뿍 정이 들어, 내가 우리나라로 떠나올 때쯤에는 섭섭해서 눈물이 날 정도였다. 서운한 마음을 이기지 못한 할머니는 내가 떠나기 하루 전에 자신의 딸이 있는 곳으로 크리스마스 휴가를 가버렸다.

이후 한국에 돌아와 안부 편지를 띄웠더니, 할머니는 내가 떠난 후 더욱 쓸쓸해서 스웨덴 대학생을 두 명이나 하숙을 시켰는데 나처럼 정이 가지 않아 실망만 된다며, 지금은 계속 방을 비워 두고 있으니 언제든 스웨덴에 오게되면 찾아오라는 답장을 보내주었다.

벌써 20년이 지났으나 곧 다시 갈 수 있으리라 기대했던 스웨덴 방문은 아직 이루어지지 않았다. 그 사이 할머니는 직장을 정년퇴임하고 외손녀가 생겼다고 한다. 할머니가 항상 건강하시기를 바라면서 가까운 장래에 스웨덴의 하숙집을 방문할 기회가 오기를 기대해 본다. ✿

휴가없는 의사

　　여름 휴가 여행은 짜증나는 교통체증과 피서지에서의 바가지 상혼, 그리고 어깨에 부딪치는 인파들의 열기 때문에 후덥지근하고 질척거리는 불쾌지수 높은 바캉스가 되기 쉽다. 차라리 집에서 시원한 선풍기를 틀어 놓고 목침 궤고 누워 낮잠이나 원없이 자는 휴가가 더 실속있을 지도 모른다. 그러나 나는 이러한 한가한 휴가를 보낸 적이 젊은 시절에는 거의 없었다.

　　집에서 해방되고 싶어하는 아이들과, 가사일에 매였던 아내를 위해 휴가 때만이라도 봉사해야 한다는 의무감 때문에 휴가는 안 갈 수 없는 노릇이므로 항상 여름 휴가철엔 고민에 쌓이기 십중팔구이었다. 의사, 특히 외과의사들은 며칠이라도 병원을 비우고 휴가를 떠나기 위해서는 무슨 거창한 작전 계획을 세우듯 몇 주일 전부터 수술

스케줄과 담당 환자들의 입퇴원 일자를 조정해 둬야 한다.

왜냐하면 휴가 직전에 갑자기 중환자가 생기면 휴가를 아예 포기하게 되거나, 설령 운좋게 휴가를 떠났다 하더라도 마음은 온통 병원과 환자 곁에서 헤어나지 못하게 되기 때문이다. 결국 좌불안석으로 불안한 마음에 제대로 쉬지도 못하고 만다.

오래전의 일이다. 휴가를 떠나기 이틀 전까지만 해도 모든 일이 나의 작전대로 움직이고 있었다. 그런데 외래 간호사가 내 담당 환자 중 입원한 사람이 있다는 사실을 알려 주는 게 아닌가. 응급 환자라면 모를 일이지만 휴가 떠나기 직전에 외래 입원 환자라니, 이게 무슨 날벼락 같은 소식인가!

"정말 제가 맡고 있는 환자입니까?"

"예, 선생님. 환자가 그렇게 말하던데요."

"그러니까 환자가 오늘 입원했단 말이지요?"

이상했다. 휴가에 차질을 빚지 않기 위해 환자들의 스케줄을 조정해 두었고, 그중 오늘을 입원 날짜로 잡아준 환자는 한 명도 없었다. 그렇다고 응급환자도 아닌데. 내가 입원 예정일을 잘못 가르쳐 준 환자가 있나 하고 아무리 기억을 더듬어 보아도 이해가 되지 않아 어안이 벙벙했다.

어떻게 된 사연인지 알아보니, 6월에 입원할 예정으로 입원장을 써주었던 갑상선종양목 가운데에 있는 갑상선에 혹이 생긴 병 환자가 그 동안 바빠서 쭉 입원을 미뤄오다가 자기의 여름휴가에 맞추어 수술을 받고자 입원하였단다. 입원 예정일을 두 달이나 넘기고도 주치의인 내게 한 마디 상의도 없이 덜컥 입원을 한 것이었다.

자신의 휴가만 생각하고 병원이나 의사의 스케줄은 전혀 고려하지 않은 환자가 야속하게 느껴졌지만, 나는 감정을 한 박자 누르며 웃음 띤 얼굴로 환자의 보호자에게 이렇게 말했다.

"일단 수술 날짜는 내일로 잡았고, 제가 집도를 합니다. 그런데 모레면 저도 휴가를 떠나야 되거든요. 수술 직후 3~4일간은 제가 환자분을 못 봐드릴 것 같은데 죄송해서 어떡하죠?"

"아이쿠, 저는 의사 선생님들은 휴가를 아예 안 가시는 줄 알았습니다. 이거 죄송합니다!"

그리하여 그해도 잔뜩 먹구름이 낀 마음은 휴가를 보내고 말았다. 이 환자의 수술을 마치자마자 휴가를 떠난 탓에 휴가기간 동안 계속 병원으로 환자의 용태를 묻는 전화를 했으니 말이다. 하지만 휴가는 생각도 못하고 삼복더위에 구슬땀을 흘리며 환자들을 보고 있는 대부분의 의사들에 비하면 내 투정은 사치에 가깝다고 해도 과언이 아닐 것이다. ✿

배꼽이 삐뚤어진 남자

"선생님, 다음 환자를 들여보내도 괜찮을까요?"

몸이 노곤해서 등받이에 기댄 채 잠깐 눈을 감고 있는데, 간호사의 목소리가 들렸다. 어제 장시간 수술을 집도한 후 쉬지 못하고 계속 진료를 하여 피로했던 모양이었다. 나는 고갯짓으로 OK 사인을 한 후 자세를 바로잡았다.

간호사의 안내를 받아 젊은 청년이 진료실 안으로 들어왔다.

"어디가 불편해서 오셨습니까?"

"선생님, 저는 암환자입니다."

대뜸 자신을 암환자라고 소개하는 청년의 말에 나는 눈을 동그랗게 떴다. 청년은 자신의 상의를 들어 올려 내게 복부를 드러내 보였다. 그러자 어린아이의 주먹만한 혹이 복부에 자리 잡고 있는 것이

한 눈에 들어왔다.

"6년 전에 처음 혹이 복부에 생겼어요. 다른 병원에서 수술을 받았었는데, 얼마 지나지 않아서 같은 부위에 똑같은 크기의 혹이 또 생겼고, 그래서 다시 수술을 받았습니다. 그런데 어떻게 된 영문인지 또 다시 재발을 하더라구요."

청년은 거의 자포자기한 상태로 혹을 방치해 두었다가 지푸라기라도 잡는 심정으로 나를 찾아온 것이라고 했다.

내가 진찰을 해보니 일종의 피부암 종류였다. 이런 경우에 재발을 막으려면 혹이 있는 부위를 중심으로 적어도 사방 한 뼘 정도의 피부를 떼어내야 한다. 나는 환자에게 수술을 해야 하는 이유와 방법을 간단하게 설명해 주었다.

"알겠습니다, 선생님. 이제는 제 몸에서 이 지긋지긋한 병을 완전히 뽑아내고 싶습니다."

수술은 청년의 복부에 있는 피부를 떼어낸 후 그 자리를 복원하는 순서로 진행되게 된다. 피부를 떼어내는 수술 자체는 어려움이 별로 없지만, 떼어 낸 자리를 복구하는 수술이 단순치 않을 것 같아 고민이었다. 허벅지에서 피부를 떼어 복부에 붙이면 간단하지만, 그렇게 하면 크게 흉이 남을 것 같았다. 결국 나는 복부 주위의 피부를 들어 올린 후 잡아당겨 꿰매는 기술을 이용하기로 결정하고, 수술에 들어갔다. 그런데 수술부위가 워낙 크다보니 복부 중앙에 자리를 잡고 있는 배꼽이 방해가 되어 피부가 쉽게 당겨지지 않는 것이었다. 배꼽을 도려내야만 피부가 당겨져서 완전하게 봉합할 수 있는 상황이었다. 그렇다고 배꼽을 없앨 수는 없는 노릇이었다.

고민 끝에 배꼽을 본래의 자리보다 조금 아래쪽으로 이사를 시키기로 했다. 수술은 성공적으로 끝났다. 외형상으로도 배꼽이 아예 없는 것보다는 비록 모양이 일그러졌더라도 배꼽이 있는 편이 훨씬 나아 보였다. 수술이 끝날 무렵 내 옆에서 보조하던 간호사가 혼잣말로 중얼거렸다.

"환자분이 남자이기에 망정이지, 여자라면 평생 배꼽티를 못입어 볼 팔자였겠네."

배꼽은 어머니의 뱃속에 있는 태아에게 중요한 생명선의 역할을 하지만, 생후에는 별다른 기능을 수행하지 않기 때문에 쓸모없는 것으로 취급받기도 한다. 그러나 배꼽이 없는 배를 어디 상상이나 할 수 있겠는가. 청년은 수술 뒤 회복이 순조로워서 빨리 퇴원하게 되었다. 퇴원날 아침 회진 때, 나는 청년에게 농담 한 마디를 던졌다.

"배꼽이 삐뚤어졌으니, 앞으로 배꼽잡고 웃을 일이 있으면 어떻게 웃을 것인지 걱정이 되네요."

그러자 그는 나의 농담에 이렇게 응수했다.

"배꼽이 웃나요? 입이 웃죠. 아무튼 이제 다시 재발하지 않는다면, 배꼽이 없어도 항상 웃을 수 있으니 걱정 마십시오."

그렇다. 소리 내어 웃는 것은 배꼽이 아니고 입이다. 그 사실을 의사인 나는 모르고 있었구나! 하하! ✿

노르웨이의 미남 의사

내가 젊은 시절 근무했던 병원은 한국전쟁 당시 의료지원을 왔던 스칸디나비아 3개국스웨덴, 노르웨이, 덴마크의 의료진들이 창설한 병원으로, 현재까지도 그들 나라의 의사들과 교류가 많이 이루어지고 있다.

내가 소속해 있는 일반외과에서 노르웨이 오슬로대학의 외과의사 한 분을 초청했다. 랄프 코오손이라는 이름의 멋진 미남 의사였다. 그는 우리 병원 일반외과에서 한 달 동안 근무하고 돌아갔다.

랄프는 한국에 오기 전에 내심 걱정을 많이 했다고 고백했다. 왜냐하면 우리나라가 올림픽도 개최했고 경제적으로 발전하였다고 들었지만, 동양권에 대해서 아는 바가 없었고 아직도 6.25 직후의 빈곤한 나라라는 인상이 남아 있었기 때문이었다. 그러나 도착 직후부터 그러한 걱정은 말끔히 가셨다고 했다.

우리나라의 생활 수준이나 병원 수준이 그들과 비교하여 전혀 뒤떨어짐이 없다고 느꼈다는 것이다. 랄프가 머무는 동안 우리 과의 전공의들과 전문의들은 영어로 의사소통을 하느라 진땀을 빼야 했다. 스칸디나비아 사람들은 영어가 모국어는 아니지만 거의 모두가 영어를 유창하게 구사할 수 있었다. 그러나 '궁즉통窮卽通'이라는 말이 있듯이, 그가 온지 한 달이 다 되어갈 무렵에는 서로 눈짓만 해도 상대방의 의중을 알아차릴 정도가 되었다.

랄프 역시 간단한 한국말을 배워 수술실에서 사용했다. 수술 부위에 피가 흘러 넘치면 조수에게 "닦어, 닦어!" 라고 말하기도 했다. 랄프는 사고방식도 꽤 적극적이어서 김치도 서슴지 않고 먹었고, 설렁탕이나 삼계탕도 싫다고 하지 않고 시식해 보았다. 한국의 역사, 지리도 자세히 공부하고 와서 가끔 우리를 곤혹스럽게 만들기도 했다.

랄프가 전공하는 유방암, 갑상선 수술은 나와 공동 관심사인지라, 우리는 서로 많은 이야기를 나눴다. 노르웨이에서는 흔하지 않은 위암 수술인 경우 그는 배우는 자세로 관심을 기울였으며, 대장암 수술에도 우리가 하는 림프절 곽청술암 주위 임파선을 긁어내는 수술을 진지하게 참관하기도 했다. 30여 년 전에는 우리가 그들에게 배웠던 처지였건만, 이제는 그들도 우리에게서 배워 갈 것이 있다고 생각하니 정말 격세지감이 느껴졌다.

랄프가 한국에 머물렀던 한 달 동안, 우리는 한국에 관해 가능한

한 많은 지식을 알려주기 위해 노력했다. 그러나 그에게 보여주기 싫고 창피한 것이 한 가지 있었는데, 바로 거리의 교통 질서였다. 소형차를 위협하듯 몰아붙이는 시내버스나 대형 트럭, 제한속도를 무시하고 이리저리 비집고 급브레이크를 밟아가며 질주하는 택시들, 횡단보도가 아닌데도 무단 횡단하는 보행자들의 무질서한 모습은 오슬로의 한가하고 질서정연한 거리를 거닐어 본 적이 있는 나로서는 그에게 어떻게 설명해야 할지 난감한 광경들이었다.

 눈이 휘둥그레지며 바라보던 랄프에게 나는 머쓱한 웃음을 지으며 오슬로보다 열 배가 넘는 인구가 모여 살기 때문에 질서가 없게 보이지만 무질서 속에 질서가 있는 곳이 서울이라고 얼버무렸다. 그가 제대로 납득을 했는지는 아직까지 확신이 서지 않는다. ✿

세 번 사는 남자

학교에서 강의를 마치고 교실을 나서는데, 병원으로부터 급한 연락이 왔다. 응급실에 심한 황달 증세를 보이는 40대 남성이 실려 왔다는 것이다. 응급실에 도착해서 환자를 보니 환자의 몸 전체로 황달이 퍼진 상태였다.

신속하게 정밀검사를 한 결과, 십이지장에 암이 생겨 담도^{쓸개즙}이 내려오는 길를 막아 황달을 일으킨 것으로 밝혀졌다. 나는 곧바로 지시를 내리고 수술에 들어가, 환자의 복부를 개복한 후 암세포가 퍼진 십이지장과 췌장, 위, 소장을 떼어냈다.

이는 일명 '휘플씨 수술'이라 하는데, 복부수술로는 가장 복잡하고 대형수술에 속한다. 다행히 수술 후 소견은 암이 다른 데로 퍼지지 않은 비교적 초기 상태여서, 수술만으로도 완치를 기대할 수 있을 정도였다. 수술이 끝난 후 환자는 회복실로 옮겨졌다. 얼마 후 환자가 깨어났다는 소식을 들은 나는 환자에게 찾아가 병명과 수술 경과 등을 설명해 주었다. 암이었다는 얘기를 들은 환자와 가족들은 처음에 몹시 놀라는 눈치였다.

"수술은 아주 잘 되었습니다. 다행히 초기라서 완쾌도 기대할 수 있을 것 같습니다."

"정말이세요? 감사합니다. 선생님!"

"하지만 방심할 수는 없으니 경과를 잘 지켜볼 생각입니다. 환자분께서도 제 말씀에 잘 따라주셔야 합니다."

"그럼요! 정말 감사합니다. 감사합니다!"

내 이야기를 들은 환자와 그 가족들은 뛸 듯이 기뻐했다. 아마 새로운 인생을 얻은 것 같은 기분이었으리라. 이 환자는 수술 경과도 아주 좋아서 3주정도 지나 퇴원한 후 정기적으로 검진을 받으러 외래 진료실로 나를 찾아왔다.

암이라는 병이 원래 변화무쌍한지라 아무리 조기 암이라고 해도, 의외로 빨리 재발할 수 있으므로 항상 마음을 놓을 수 없다. 그래서 이 환자도 한 두달 간격으로 검진을 받도록 했다.

수술 후 1년쯤 지나서였다. 방사선과에서 초음파 검사를 해보니까 환자의 간에 조그마한 혹이 하나 나타난 것이 발견되었다. 혹시나 했던 재발 가능성이 현실로 등장한 것이었다. 나는 환자의 아내에게 상황을 설명했다.

"아무래도 1년 전에 수술하였던 십이지장암이 간으로 전이를 일으킨 모양입니다."

"그러면 이제 어떻게 해야 하죠?"

"우선 정밀검사를 받은 후 항암제 치료를 받으셔야 합니다."

"그럼 깨끗하게 나을 수 있을까요, 선생님?"

환자의 아내는 애처로운 눈빛으로 나를 바라보았다. 이럴 때 희망적인 이야기를 해 줄 수 있다면 얼마나 좋을까. 하지만 현실은 냉정했다. 나는 안타까운 마음 위에 덤덤한 표정을 덧씌운 후 말을 이었다.

"좀 더 검사를 해봐야 확실하게 알 수 있겠지만, 만약 십이지장암이 전이를 일으킨 것이 확실하다면 완쾌를 장담하기는 힘듭니다. 치료가 효과를 발휘하지 못할 때에는 길어야 6개월 정도…"

환자의 아내는 이내 얼굴을 두 손에 파묻고 흐느끼기 시작했다. 환자와 가족들의 실망은 이루 말할 수 없었으며 나도 마찬가지였다.

암이 다른 신체기관으로 전이를 일으켰을 경우에는 생존기간이 평균 6개월 남짓이고, 항암제 치료도 별로 도움이 되지 못하는 것으로 알려져 있다. 그러나 이 환자는 정말 '억세게 운 좋은 사나이'였다. 항암제 치료 경과가 무척 좋았고, 그는 재발 후 2년이 지난 지금까지도 건강하게 생활하고 있다. 수술 후 제2의 인생을 살고, 재발 후 제3의 인생을 살고 있는 셈이다. 언젠가 외래에 들른 환자는 활짝 웃으며 말했다.

"저는 세 번 사는 남자로군요."

환자의 웃음을 보자, 나는 은근히 얼굴이 화끈거렸다. 주치의인 나조차 환자의 경과가 이렇게 좋아질 줄 예측하지 못했기 때문에, 암이 재발했을 당시 나는 "이제 길어야 6개월 정도밖에 남지 않았으니 각오를 하시라"고 하지 않았는가. 그는 당시 내가 했던 말을 떠올리며 속으로 웃고 있을 지도 모른다. 그러나 무슨 상관이랴. 이렇게 나중에 웃을 수 있는 환자가 많다면야 의사의 체면이 몇 백 번 깎인다 해도 즐거운 일이 아니겠는가. ✿

제발 날 죽게 내버려둬요

아침 회진 시간. 나는 전날 저녁에 응급실에서 입원했다는 할머니를 진찰하게 되었다. 할머니의 연세는 여든에 가까웠는데, 응급실 당직이었던 레지던트의 말에 의하면 어느 종합병원에 며칠 동안 입원했다가 별로 호전되지 않아 우리 병원으로 보내온 것이라고 했다.

"할머니, 어디가 불편하세요?"

"아주 죽겠어요, 선생님! 안 아픈 데가 하나도 없는데, 그중에서 배가 제일 아프네요."

과연 살펴보니 할머니의 배는 굉장히 불러 있었다. 나는 할머니에게 여쭤보았다.

"할머니, 대변은 자주 보셨어요?"

"웬걸요. 대변을 못 본 지가 사흘은 된 것 같네요."

차트를 보니, 과거에 할머니는 장유착腸癒着 창자가 서로 달라붙는 경우으로 수술을 받은 적이 있었다. 이런 사실로 보아 할머니의 증상은 수술 후 발생한 장폐색증이 분명했다. 나는 레지던트에게 할머니의 X레이를 찍고 응급 수술을 준비하도록 지시한 후 방을 나가려고 했다. 그때 갑자기 할머니가 내 팔을 붙잡았다.

"선생님, 소원이 있는데 꼭 이번에 수술을 받게 해주세요. 죽어도 여한이 없으니까 말이에요."

이게 무슨 말인가? 보통 다른 사람들은 죽어도 좋으니 수술은 받지 않게 해달라고 하는 경우가 허다한데, 이 할머니는 거꾸로 죽어도 좋으니 수술을 해달라니… 참 이상했다. 나는 할머니에게 뭔가 사연이 있겠구나 싶어 할머니의 보호자를 찾았다. 그러나 아무도 나타나지 않았다.

할머니는 보호자가 없는 무연고 환자였던 것이다. 이 불쌍한 분은 원래는 혈육으로 딸이 하나 있었는데 무슨 이유인지 의절을 하고 혼자 사는 무의탁 노인으로, 생활보호 대상자였다. 그 동안 세 차례나 자살을 기도할 만큼 고달픈 인생을 살아왔는데, 이번에도 배가 아픈데도 병원에 오지 않고 방 안에서 혼자 신음하고 있는 것을 동네 분들이 병원으로 억지로 모셔 왔다고 한다.

나는 외롭고 고생스럽게 살아온 탓에 지독한 염세주의자가 되어버린 할머니를 이해할 수 있었지만, 속으로 은근히 오기傲氣가 치밀어 오르는 것을 느꼈다. 이상하게 들릴지 모르지만, 죽고 싶다는 사람일수록 더욱 살리고 싶다는 그런 충동 말이다. 냉정히 말하면 사람의 생사여탈권生死與奪權이야말로 하느님만이 가지고 있지만, 의사는 죽어가거나 병든 사람들을 살리려고 노력하는 직업이 아닌가! 그렇기 때문에 우리는 죽겠다고 스스로 자살을 기도한 사람도 살리기 위해 밤잠을 설치며 열심히 치료한다. 죽음! 그것은 우리 인간이 마음대로 선택할 수 없는 것이 아닐까? 좌우지간 나는 최대한 서둘러서 수술에 들어가 장유착을 풀은 다음 심하게 유착이 된 부분을 절제해 냈다. 수술은 성공적이었고 회복도 잘되었다. 그러나 그날 저녁, 회복실에서 일이 벌어졌다.

할머니는 의식이 돌아온 지 몇 시간도 안되어 눈깜짝 할 사이에 산소호흡기를 비롯해, 위에 꽂아 놓은 튜브와 수술 부위에 농을 빼내는 배농 튜브, 소변을 빼내는 방광 호스와 심지어 정맥에 꽂혀 있는 링거까지 온통 다 뽑아내 버린 것이다. 할머니는 깜짝 놀라 달려온 간호사들과 의사들을 향해 이렇게 소리쳤다.

"이제 됐어! 그러니 제발 나 좀 죽게 내버려 둬요!"

그 후 할머니의 상태는 급속도로 나빠졌고, 며칠 후에는 호흡부전 증상을 보이기 시작했다. 며칠 동안 레지던트들이 열심히 붙어서 치료를 한 결과, 약간이나마 상태를 호전시킬 수 있었다. 그러나 할머니는 또 한 번 인공호흡기를 뽑아 버리는 소동을 부렸고, 그로부터 열흘 후 결국 돌아올 수 없는 길을 떠났다.

그 사이 동네 사람들이 수소문하여 찾은 할머니의 딸이 임종을 지켰다. 종말은 할머니의 소원대로 된 것이다. 할머니 자신으로서는 다행일지 모르지만, 할머니를 살리기 위해 오기를 부렸던 나는 의사로서의 한계를 절감했고, 의사의 길이 어렵다는 것을 또 한 번 뼈저리게 느낄 수밖에 없었다. ✿

기브 미 원 달러!

지금부터 20여년 전, 내가 미국 뉴욕 주 버펄로 시의 한 병원에서 연수 받을 때의 일이다. 나는 퇴근을 하려고 병원 건물 앞에서 차를 기다리고 있었다. 병원이 시내의 흑인주거지역 가운데에 위치해 있었는데, 밤에는 통행을 삼가는 우범지역이었다.

그 날따라 퇴근이 늦어진 나는 공교롭게도 퇴근차까지 제 시간에 오지 않자, 으스스한 어둠속에 초조하게 발을 구르며 서 있었다. 간간이 자동차만 지나갈 뿐 사방은 고요했는데, 갑자기 인기척이 났다. 고개를 들어 바라보니 반대편에서 몸집이 비교적 큰 흑인 하나가 비틀거리며 걸어오고 있었다. 제발 그냥 지나쳐 주기를 바라며 고개를 숙이고 애써 외면했지만, 그는 천천히 내게 다가왔다.

"헤이 닥Doctor!"

"?"

이 친구가 내가 의사라는 것을 어떻게 알았을까? 나중에 알고보니 병원 구내에서 보는 동양 사람들은 대부분이 의사이거나 연구원이기 때문에, 흑인들은 동양인들을 만나면 무조건 닥터로 호칭하고 있었다. 나는 영화나 텔레비전에서 보던 흑인강도를 연상하며 등골에 오싹함을 느꼈다. 그 흑인은 빙긋 웃으며 다시 말을 건넸다.

"차에 휘발유가 떨어졌는데 돈이 없으니 1불만 빌려 주시오."

"기름이 떨어졌다구요?"

"그러니까 1달러만 달라구요 Give me one dollar! 전화번호를 알려주면 나중에 꼭 갚을게요."

기브 미 원 달러! 그의 말을 듣고 나니 "휴유~" 하는 한숨이 절로 흘러 나왔다. 전화번호 운운하는 걸 보니 영화에서 나오는 흑인 강도는 아닌 모양이었다. 강도라면 다짜고짜 돈 내놓으라고 총이나 흉기로 위협하지, 이 친구처럼 말하지는 않을 테니까.

보통 흑인들의 영어 발음은 백인들의 그것보다 더 알아듣기 어렵다. 흑인들이 유난히 발음을 굴리기도 하고, 그들 특유의 억양까지 있기 때문이다. 나는 이러한 악조건에도 불구하고 의사소통에 성공한 내 귀가 신기할 따름이었다.

나는 즉시 윗 호주머니에서 5불짜리 지폐를 꺼내 그에게 주었다. 내가 윗 호주머니에 돈을 넣어둔 이유는 미국에서는 강도를 만났을 때 상의 안쪽 포켓이나 바지 주머니에서 돈을 꺼내 주다가는 무기를 꺼내는 것으로 오해받아 피해를 보는 경우가 많다는 말을 들었기 때문이다.

"전화번호는 적어주기 곤란하니, 그냥 돈만 가지고 가세요."

"그러지 마시고 전화번호도 알려 주세요. 나중에 돌려 드릴게요."

분명 나쁜 친구는 아닌 것 같았다. 나는 고집을 부리는 흑인에게 괜찮다며 돈만 건네주었다.

고맙다고 인사하며 어둠 속으로 사라지는 그의 뒷모습을 보면서, 동양의 작은 나라 코리안이 부자 나라의 미국인에게 거꾸로 원조를 해주었다는 기쁨(?)을 느꼈다면 과대망상이었을까?

부연하면 미국 본토에서 나를 고생(?)시켰던 영어에 신경을 써서 더욱 실력을 배양하겠다는 다짐을 하고 귀국한 지 20여년이 다 되어 가는데도 막상 나의 영어 실력은 그때보다 줄었으면 줄었지, 늘지는 않은 것 같다.

국제화, 세계화의 첫 걸음은 영어를 잘하는 것일 텐데… 흰 머리가 희끗한 나이지만, 이제라도 영어를 열심히 공부해야겠다. 우리 의학의 세계화에 미력하나마 일조를 하기 위해서 말이다. ✿

VIP 증후군

외과의사를 골탕 먹이는 유형들 중에 'VIP 증후군'이란 것이 있다. 'VIP 증후군'은 의사의 가족이나 친구, 친척 등 의사에게 가까운 관계의 환자일수록 이상하게 경과가 꼬여들어 수술 결과가 좋지 않거나, 합병증 또는 후유증이 생기는 경우를 말한다. 동료 중에 한 친구는 이러한 'VIP 증후군'을 이겨내려면 환자를 '매우 중요한 사람very important person'이 아니라 '매우 무시되는 사람very ignored person'으로 생각해야 한다며 멋진 충고를 던졌다.

의사가 심리적 부담을 가지고 치료하는 경우, 평소와 같이 냉철한 판단을 유지하기 어렵기 때문에 경과가 꼬일 경우가 있다는 점을 강조하는 말이다.

지금은 성인이 된 아들 녀석이 아장아장 걸어 다니는 서너 살이었을 무렵, 아파트 베란다 모퉁이에서 미끄러져 왼쪽 이마가 약 3cm 정도 찢어진 적이 있었다.

아내는 우는 아이를 들쳐 업고 허겁지겁 내가 근무하던 병원에 데리고 왔다. 아이의 얼굴에서 흐르는 피를 보자 아내는 금방이라도 울음을 터뜨릴 것만 같았다. 나는 아들도 아들이지만, 놀란 아내를 진정시키느라 더 바빴다.

"괜찮아. 피가 좀 나긴 하지만 심하게 다친 건 아니니까 걱정 말아."

"여보, 정말 괜찮을까요?"

"그럼. 이런 건 문제도 아니라구. 감쪽같이 나을 수 있으니까 염려 마."

상처를 살펴보니 몇 바늘 꿰매야 될 성 싶었다. 나는 성형외과에 부탁을 하려고 전화 수화기를 들었다. 그 순간, 내 마음 속에서 '아빠인 내가 명색이 외과의사잖아. 그런데 남의 손을 빌려서야 쓰나. 솜씨를 발휘해서 아들놈 상처를 감쪽같이 만들어 보자'는 속삭임이 들려왔다. 나는 슬그머니 수화기를 내려 놓았다.

"여보, 왜 그래요?"

"생각해 보니 이 정도면 내가 해도 될 것 같아서. 내가 의사잖아, 그것도 외과의사!"

나는 아내에게 시원하게 큰 소리를 쳤다. 아내는 마음이 놓이는 듯한 표정이었지만, 그래도 못내 불안한지 나를 물끄러미 바라보았다.

"여보… 정말 당신, 잘 할 수 있죠?"

나는 간호사에게 병원에서 제일 가는 나일론실을 구해 오게 한 후, 내가 가진 기술을 총동원하여 아들의 상처를 정성껏 꿰맸다. 며칠 후 상처가 아문 듯해서 실밥도 뽑았다. 어느 정도 만족스럽다 싶어서 나는 마음을 푹 놓고 있었다. 어느 날 저녁, 거실을 뛰어다니며 놀고 있던 아이가 자꾸 이마를 만지는 것이 내 눈에 띄었다. 이상한 생각이 들어 나는 아이를 불렀다.

"아이고, 요 녀석!"

나는 꼼꼼히 꿰맨 자리를 살펴보았다. 상처가 감염되었는지, 아이의 이마에서 진물이 나오기 시작하는 것이었다. 서둘러 실밥을 뽑은 데다 딱지가 생긴 것을 녀석이 가렵다고 잡아뜯은 모양이었다. 결국 아이의 이마에는 가는 흉터가 생기고 말았다. 여느 환자 같으면 여러 번 겁을 주어 함부로 상처에 손도 못 대게 했을 테지만, 그러지 못했던 게 후회스러웠다.

아니, 차라리 다른 의사에게 맡겨 치료를 받았더라면 흉터없이 감쪽같이 나았을 지도 몰랐다. 아들이 제 얼굴의 상처를 보면서 속으로 아빠 솜씨가 이 정도밖에 안되나 하고 두고두고 흉볼 것 같아 마음에 걸렸다.

오늘도 나는 아들과 아침상을 두고 마주앉았다. 아들의 얼굴에 있는 상처가 내 눈 속을 파고 들어왔다. 나는 속으로 '이놈아! 내가 너를 아들이라 무시하지ignore 못했던 탓에 네가 VIP 증후군의 표본이 되었구나!' 하는 넋두리를 늘어놓았다. 아들 녀석이 애비의 심정을 이해해 줄는지… 녀석은 오늘따라 더욱 무표정하다. ✿

내 비서는 자동 응답기

"안녕하세요? 일반외과 양정현입니다. 제가 지금 부재중이라서, 메시지를 남겨주시면 돌아오는대로 연락드리겠습니다. 삐-"

"선생님, 저 어제 진료 받은 환자인데요…"

녹음된 내용을 모두 들은 나는 환자의 연락처를 확인한 후 전화를 걸었다.

"여보세요?"

"안녕하세요? 저는 ○○병원 일반외과의사 양정현입니다. 저에게 전화 하셨었죠?"

"아, 예! 선생님. 바쁘실 텐데 전화를 직접 주셨네요?"

세상은 정말 많이 편리해졌다. 이러한 편리함은 특히 교통이나 통신기구의 발달에 힘입은 바 크다. 내가 사무실에서 애용하고 있는 자동응답기도 참 편리한 물건이다.

외과의사라서 수술실, 병실, 의사실, 도서실, 회의실 등 병원 곳곳을 발발(?)거리며 다니는 일이 많다보니, 내 주위에는 급한 용무나 연락사항이 있어 나한테 연락했다가 허탕친 적이 많다며 아우성을 부리는 사람들이 끊이지 않았다. 그렇다고 방에 전화만 받는 비서를 모셔 둘 재주는 없고 하여 궁리 끝에 해결책으로 생각한 것이 바로 자동응답기였다. 자동응답기에 '어떠한 용무로 지금 방을 비우고 있어, 전화를 받을 수 없으니 용건을 녹음해 달라'는 녹음을 남겨 놓으면, 모든 연락을 놓치지 않고 다 받을 수 있다.

밖에서 일을 보고 나서 돌아와 그 동안 녹음된 용건들을 틀어 놓고 하나씩 해결하면 되니까 얼마나 편리한가. 그리고 전화를 건 사람도 내게 연락이 안되어 두 번, 세 번씩 전화를 걸 필요 없이 메모를 남겨놓으면 한 번에 해결되니까, 그야말로 누이 좋고 매부 좋은 셈이다. 간혹 전화를 건 사람들 중 녹음된 안내말이 나오면 아무 말 없이 전화를 끊어 버리는 경우가 있다.

"왜 그냥 끊어 버리느냐?"고 이유를 물어보니 기계에 대고 얘기하기가 어쩐지 마음에 내키지 않는단다. 서로 주고받는 것이 대화인데, 한쪽에서 일방적으로 중얼거리는 것은 무언가 계면쩍다는 것이다. 구슬이 서말이라도 꿰어야 보배인데… 그리하여 나의 자동 응답기는 효용성을 많이 상실하고 있는 셈이었다.

"선생님, 자리에 안 계시네예. 지는 두 주 전에 진료받은 환자 ㅇㅇㅇ인데예. 소변에 이상한 게 보여서 전화드렸어예…"

이 메시지를 남긴 사람은 석 달 전에 내게 수술을 받은 환자로, 집이 부산이다. 그래서 정기진료가 있는 날에는 새벽에 고속버스를 타고 상경한다. 그런데 이 환자에게 무슨 일이 생긴 것이다. 나는 황급히 환자의 진료카드를 찾은 후 전화를 돌려 환자와 통화했다. 이렇듯 내가 담당하고 있는 환자들 중에는 서울에서 멀리 떨어진 곳에서 사는 사람들도 많다.

특히 만성질환자의 경우, 궁금하거나 문제가 생기면 전화 문의를 많이 하는 편이다. 그렇다면 이럴 때 드는 통화료는 어떻게 할까. 다급해서 전화한 환자에게 시외전화비를 계산하라고 하는 것은 야박하고, 결국 내 호주머니 또는 병원에서 나가게 된다. 아직까지 우리나라에서는 미국처럼 전화로 의사에게 문진한 경우에 진료비를 청구하는 일이 가능하지 않다.

그렇다고 수신자 부담으로 전화비를 청구할 수도 없는 노릇이다. 명색이 주치의인 내 체면에 환자에게 돈에 얽힌 부담을 주기는 싫고. 그러나 물질적 계산과는 달리 환자들의 어려움을 해결해 주고 나면, 내 기분은 한없이 흐뭇하고 보람도 느껴진다. 오늘도 환자의 전화를 기다리며 나의 자동응답기는 책상을 지키고 있다.

"지금 전화를 받을 수 없으니 용건을 남겨 주세요. 삐-" ❀

의사와 3D

내가 근무하는 병원의 외과에서 1년차 레지던트가 사직을 했다.

"이유가 뭔지 물어봐도 되겠나?"

"외과는 제 적성과 맞지 않는 것 같아서 결정을 내렸습니다."

"그래. 그럼 앞으로 어떻게 할 생각인가?"

"일단, 잠시 쉬면서 제 적성에 어울리는 일이 뭔지 생각해 보려고 합니다."

그는 즉답을 피했고, 나도 더 이상 캐묻지 않았다. 제자가 돌아간 후 나는 깊은 생각에 잠겼다. 나름대로 이유야 여러 가지가 있겠지만, 추측컨대 내년에 다른 과목으로 전공을 변경하기 위해 그만두는 것이 분명할 것이다.

외과과거에는 일반외과라는 전문과목이 수련받기가 힘들 뿐 아니라, 전문의를 딴다고 해서 장래가 보장되는 것도 아니기 때문이다. 의사들의 세계를 잘 모르는 사람들에게 의사라는 직업은 아직도 선망의 대상이다.

매년 대학입시 때마다 우수한 성적의 학생들이 의과대학에 몰리고, 미혼 여성들이 선망하는 신랑의 직업으로 여전히 의사가 꼽히는 걸 보면 말이다. 그러나 이러한 의사라는 직업도 자세히 들여다 보면 과목에 따라 천차만별이다. 소위 잘나가는 전문과목이 있는 반면, 인기가 없어 의대생들이 기피하는 과목도 있다.

언제부터인가 우리 사회에는 3D업종이라는 말이 유행하고 있다. 어렵고 difficult, 위험하고 dangerous, 더러운 dirty 직종에 대한 사람들의 기피현상 때문에 3D업종에 해당하는 기업들은 동남아 등지에서 근로자를 '수입' 하는 일이 잦아지게 되었다.

이와 같이 의사들에게도 이러한 3D과가 있다면 믿을 수 있겠는가? 예를 들어 외과, 산부인과, 흉부외과 같은 과들은 의대생들에게 인기가 없다. 레지던트 정원이 미달되는 일이 비일비재하고, 중도 포기생들도 계속 늘고 있는 것이 현실이다. 수술을 치료의 주무기로 구사하는 소위 '칼잡이(?)' 과들이 약물로 치료하는 내과과보다 인기가 없는 이유는 무엇일까?

내 생각으로는 의료보험의 영향이 아닌가 한다. 내가 의과대학을 졸업하면서 일반외과를 지원할 시절만 하더라도 외과 쪽의 경쟁은 상당히 치열했다. 그러다가 의료보험이 시행되기 시작하자 일반

외과의 인기는 서서히 곤두박질 치기 시작했다. 의료보험제도상으로 의사의 기술에 대한 수가는 모든 과목이 획일적으로 되어 있고, 수가도 상당히 낮게 책정되어 있다.

외과의사들은 고생해서 수련을 마치고 전문의 자격을 따도 병원을 개원하기가 어렵다. 비싼 수술기구와 검사기구, 그리고 입원실 등을 마련하기 위해 적지 않은 비용을 들이지만, 그에 비해 수입은 많이 올릴 수 없기 때문이다.

많은 개원 외과의사들이 병원 설비 마련을 위해 진 빚을 갚기도 빠듯해서 고통을 겪고 있다. 게다가 외과의사들은 자신이 수술한 환자가 자칫 합병증이나 후유증을 일으킬 경우 환자나 보호자로부터 항의를 받기 십상이고, 혹 잘못되면 법정까지 가서 혼쭐이 날 수도 있다. 외과야말로 3D의 전형적인 직업인 것이다.

요즈음 의대생들은 피부과, 내과, 이비인후과, 안과, 성형외과 등을 선호한다고 한다. 특히 피부과와 성형외과의 인기는 드높다.

이들 과목은 주로 수련시절에도 정신노동에 가깝고 스트레스도 덜하고, 장비나 공간, 입원실이 필요 없어 개원을 할 때 드는 비용이 적다. 약이나 검사수가, 또는 비보험수가(건강보험수가에 해당이 없는 수가) 등 융통성(?) 있는 수입 때문에 일반외과보다 훨씬 나은 입장인 것은 분명하다.

장래가 구만리 같은 그들의 입장에서 보면 하루 걸러 당직을 하면서 피고름 냄새 속에서 5년을 마친 후 그토록 갈망하고 동경했던 전문의 자격을 취득했는데, 자신이 배운 기술을 발휘할 수 있는 여건조차 만들어져 있지 않다면 얼마나 기막힌 일이겠는가. 그러니 외과를 기피할 수밖에. 이대로 가다가는 머지 않아 국내에는 믿을만한 실력있는 외과의사가 부족하여 맹장 수술을 받기 위해 외국으로 가거나, 외국의 외과의사들을 수입하는 사태가 벌어질 지도 모를 일이다. 누가 장담할 수 있겠는가. 늦기 전에 중지를 모아야 할 텐데…

프란젠 교수

"처방전 여기 있으니까, 가지고 가세요. 다음 진료는 보름 후로 잡겠습니다."

"예, 감사합니다."

진료를 마쳤는데도 환자는 일어설 생각을 하지 않은 채 계속 나를 바라보았다. 눈치를 보니 이리 저리 나를 살펴보는 것 같다. 왜 그럴까, 내가 뭔가 실수를 했었나?

"왜 무슨 문제가 있습니까?"

"아니요, 저… 선생님께서 오늘따라 나이들어 보이셔서요."

"예?"

"선생님은 왜 염색하지 않으세요? 염색하시면 훨씬 젊어보이실 것 같은데…"

"하하…"

나는 겸연쩍은 웃음으로 상황을 마무리했다. 갑작스런 '공격'을 받은 내 머리카락들이 곧추 서는 것 같았다.

마흔 고개를 넘어서니 머리에 서서히 백발이 돋아나기 시작하면서 주위 사람들로부터 염색을 하라는 권유를 받게 되었다.

예전에는 새치라고 고집하면서 자위해 왔지만, 일찍 백발이 되는 우리 집안 가계의 영향이 확실하다. 머리가 희끗해지니 '벌써 청춘기를 벗어났구나' 하는 생각이 들고 조금은 서운한 감정이 인다.

언제나 마음은 20대 젊은이의 그것인데, 몸은 늙어간다. 여기에 이루어 놓은 것도 없구나 하는 생각까지 들면 '사람은 무엇으로 사는가' 싶어 허무함마저 느낀다. 몸이 늙어감에 따라 마음도 점점 위축되어 활동이 줄어드는 것은 중년에 이른 사람들의 보편적인 현상일 것이다. 그러나 나이에 비해 왕성한 노익장을 과시하여 부러움과 칭송을 받는 분들도 있다.

내가 스웨덴에 연수 갔을 때 만난 식스텐 프란젠Sixten Franzen교수도 이러한 사람들 중에 한 명이었다.

이 사람은 세포진단학Fine Needle Aspiration Cytology 태두로서, 스웨덴 노벨상 심사기관인 카롤린스카 연구소의 명예교수와 소피아 병원의 병리과 책임자로 근무하고 있었다. 나는 유방암 진단과 관련하여 프란젠 교수를 소개받아 하루 동안 그와 동행하여 다닐 수 있는 기회를 얻었다.

그날 오전에 나는 카롤린스카 병원에 프란젠 교수가 만든 세포학 교실을 견학했고, 오후에는 그의 차를 타고 소피아 병원으로 갔다. 프란젠 교수는 수명이 족히 10년쯤 지난 것 같은 고물 볼보를 손수 몰고 다녔다. 차를 타고 가는 도중에 나는 이상한 점을 발견했다. 신호 대기로 정지할 때마다 프란젠 교수는 차의 시동을 껐다가 진행 신호가 들어오면 다시 켜고 있었던 것이다.

"교수님, 왜 신호에 걸릴 때마다 차의 시동을 끄십니까?"

"그거야 차가 정지해 있는 동안만이라도 매연을 뿜어내지 않으려고 그런다네."

"예? 그런 이유 때문에 매번 시동을 끄신다구요? 귀찮지 않으세요?"

"그냥 다니는 것보다야 귀찮겠지. 하지만 이렇게 하면 공해가 조금이라도 줄어들지 않겠나? 나뿐 아니라 스톡홀롬 시민들 대부분이 신호 대기 중에는 차의 시동을 끈다네."

"예, 그렇군요…"

나는 절로 고개가 숙여졌다. 이러한 사람들이 많기 때문에 스톡홀롬이 세계에서 제일 살기 좋은 도시가 되었나 보다.

프란젠 교수는 점심 식사 후에도 쉬지 않고 오후 6시까지 약 40여 명의 외래환자에게 흡인세포검사가 주사바늘로 혹을 찔러 세포를 빨아내어 현미경으로 검사하는 방법를 실시했다. 그는 꼼꼼하게 환자의 몸을 살피며 조금이라도 볼록 튀어나온 부위가 있으면 놓치지 않고 바늘로 찔렀다. 그의 섬세하고 치밀한 성품이 엿보이는 광경이었다. 마침내 외래 진료가 끝났다.

나는 프란젠 교수가 곧 퇴근하리라 여기고 한숨 돌리는데, 그는 내게 저녁으로 무엇을 먹겠느냐고 물었다. 일을 더 할 생각이었던 것이다. 프란젠 교수는 피자집까지 차를 몰고 나가 피자를 사 왔고, 피자를 먹으면서 슬라이드를 판독하고 녹음을 했다. 프란젠 교수가 일을 마친 시간은 저녁 9시였다.

프란젠 교수는 퇴근길에 20년지기인 여비서를 차로 바래다 준 후 다시 나를 집에까지 태워 주겠다고 했다. 나는 그를 만류하며, 전철역까지만 태워달라고 부탁했다. 전철역에서 나는 프란젠 교수에게 진심어린 작별인사를 건넸다.

"교수님, 오늘 정말 많은 걸 배웠습니다. 정말 고맙습니다."

내 말을 들은 교수는 서운한 표정으로 내 손을 꽉 붙잡았다.

"우리가 또 만날 기회가 있기를 바라네. 못 만날 이유가 없지 않는가?"

그러나 그후 다른 스케줄로 인해 프란젠 교수를 다시 만날 수 없었다. 돌이켜보면 비록 짧은 시간이었지만, 많은 것을 배운 만남이었다. 아무쪼록 그분이 건강하시기를 바라며, 이제라도 그분께 감사카드를 보내야겠다. ❀

일소일소 一笑一少

우리 병원 복도에서 서예 전시회가 열렸다. 서예 전시회는 불우 이웃을 돕기 위한 목적으로 정기적으로 개최되고 있었는데, 환자와 가족들도 많이 참여하여 관람했다. 스스로의 몸도 편하지 않으면서 자신보다 더 어려운 이웃을 위해 온정의 손길을 아끼지 않는 환자들의 모습을 볼 때면 마음이 숙연해진다.

나는 오전 진료를 마치고 점심을 먹은 후 동료들과 함께 관람을 하러 갔다. 흰 바탕에 굵고 힘찬 먹으로 써 내려간 글씨들이 즐비하게 걸려 있는 가운데, 다음과 같은 글귀가 나의 눈길을 끌었다.

'부를 잃는 것은 조금 잃는 것이오, 명예를 잃는 것은 많이 잃는 것이며, 건강을 잃는 것은 전부를 잃는 것이다.'

이는 우리 같은 속인(俗人)들이 통상적으로 인생의 목표로 삼는 돈이나 명예보다 중요한 것이 건강이라는 평범한 진리를 일깨워 주는 잠언이다. 사람들은 인생의 가치를 어디에 두고 있을까? 아마 사람마다 각양각색일 것이다. 어떤 이는 돈에 가치를 두어 일생동안 부를 쫓는가 하면, 또 다른 사람은 명예를 찾아 국회의원의 금뱃지를 달기 위해 평생을 보내기도 한다.

그러나 건강을 인생의 목표로 삼는 사람은 없는 것 같다. 건강을 해치면서까지 무리해서 부나 명예를 얻은 다음에 그제야 건강을 돌아보는 것은 어리석은 행동이 아닐까? 과연 건강이란 무엇일까? 세계보건기구는 육체적, 정신적 그리고 사회적으로 완전할 때 비로소 건강하다고 정의한다. 현대 사회에는 육체적으로 건강하지만 정신적으로 병적인 사람들과, 정신적·육체적으로 건강해도 사회적으로 건강치 못한 사람들이 많다. 그러다보니 신문의 사회면에는 인신매매범, 성범죄 기사가 끊일 날이 없다. 길을 나가 보면 살인경주라도 하듯 난폭운전하는 운전자들과 생명을 담보로 차도를 마구 건너는 보행자들이 눈에 자주 띈다.

우리나라처럼 육체적인 건강소위 정력을 위해서라면 무엇이라도 먹어치우는 극성 보신꾼들이 많은 나라도 흔하지 않은 것 같다. 살아 있는 곰에서 쓸개즙을 빼내 먹기도 하고, 개구리, 도룡뇽, 구더기, 지렁이, 자라, 오줌 등 몸에 좋다고 하면 무엇이든 가리지 않고 닥치는대로 먹는다.

심지어 짐을 싸서 다른 나라로 보신관광을 떠나기도 한다. 의학적으로 이러한 음식들의 대부분이 단순한 단백질 성분에 지나지 않는데도, 사람들은 마치 신비의 영약으로 여기고 신봉하는 것을 보면 참으로 안타깝다. 특히 중환자들이 이러한 '몬도가네'식 건강법을 맹신하여 병원치료를 등한시할 경우, 자칫 생명이 위험해질 수도 있는데 말이다. 건강을 위해 가장 좋은 습관은 스트레스를 줄이고 잘 웃는 것이다. 스트레스는 우리 신체의 면역 체계를 무너뜨리고, 편하고 밝은 마음은 면역 체계를 강화시킨다. 이탈리아 우딘 대학의 소니아 조르젯은 암세포를 주입한 여러 마리의 쥐들을 A와 B의 두 그룹으로 분류, 실험을 했다.

A그룹의 쥐들에게는 편안한 환경 속에서 항암치료를 해주었다. 반면, B그룹의 쥐들은 하루 1시간씩 다리에 플라스틱 판을 묶어 스트레스를 가하면서 항암치료를 진행했다. 그 결과 A그룹의 쥐들은 암이 완전히 치료되거나 완치가 안됐더라도 오래 살았고, B그룹의 쥐들은 마치 치료를 받지 않은 것처럼 죽어갔다.

이러한 실험에서도 볼 수 있듯이 건강은 우리가 사소하게 생각하는 생활습관 하나에서 시작한다. 긍정적이고 낙천적인 생활태도만큼 건강을 위한 것은 없다. 우리 속담에도 "일소일소一笑一少, 일노일노一怒一老"라는 말이 있다. 매사를 항상 즐겁고 낙천적으로 대처한다면 우리의 신체는 마치 봄비를 맞은 직후 싹이 돋은 버드나무 잎처럼 상큼하고 깨끗한 상태를 유지할 수 있을 것이다. ❁

3부

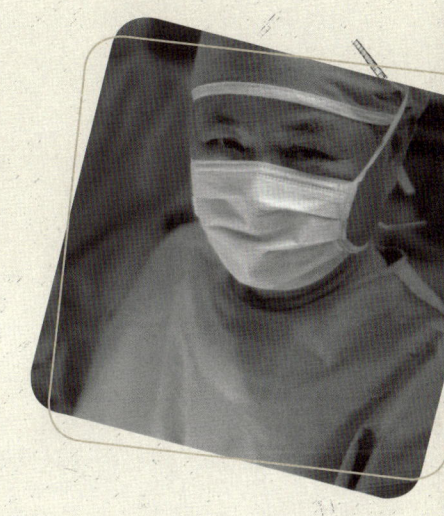

의사의 향기

의사의 향기

"○○○ 어린이, 들어오세요."

간호사가 호명하자, 어린 아이가 엄마의 손에 이끌려 진찰실로 들어왔다. 잔뜩 겁먹은 표정의 아이는 나를 바라보자마자 울음을 터뜨렸다. 나는 이럴 때를 대비해 미리 준비해둔 인형을 재빨리 꺼내들었다. 요즈음 한창 선풍적인 인기를 끌고 있는 캐릭터 인형이었다.

"○○야, 이것 봐라. 아주 멋지지?"

내가 흔드는 인형을 본 아이는 일순 울음을 멈추고, 나를 빤히 바라보았다. 나는 되도록 밝은 표정을 지으면서 아이에게 친근한 인상을 주려고 애썼다.

"아저씨한테 오면 이 인형 줄게. 자, 이리 와."

아이는 인형에 흥미를 보이는 듯했다. 나는 '내 작전이 성공했구나'싶어 쾌재를 부르며 의자에서 엉덩이를 떼고 엉거주춤 일어났다.

"아저씨는 ○○가 좋아. 그래서 이 인형 줄려고 그래. 아저씨한테 올래?"

"싫어! 무서워!"

아이는 다시 울음을 터뜨렸다. 옆에 선 간호사는 웃음을 참느라 고생이었다. 나는 쓴 입맛을 쩝쩝 다셨다.

하얀 가운을 입은 의사나 간호사는 아이들에게 공포의 대상이다. 두터운 안경을 낀 근엄한 표정의 아저씨가 생소하게 보이는 청진기를 가슴에 댄다든가, 머리엔 반사경을 쓰거나 플래시를 들고 목구멍을 들여다본 다음 아픈 주사를 서슴지 않고 엉덩이에 쑤시니, 두려운 존재가 아닐 수 없다.

게다가 몸에서는 이상한 소독약 냄새까지 풍기니, 아이들이 의사를 '낯설고 무서운 사람(?)'이라고 생각하는 것도 무리가 아닌 것이다. 어릴 적 나는 유난히도 편도선염을 자주 앓았다. 그러나 나는 이 핑계 저 핑계 대며 병원에 가지 않으려고 안간힘을 썼고, 온몸이 열로 펄펄 끓게 되어서야 아버지의 손에 이끌려 병원으로 갔다.

병원 문을 들어서면 강렬한 소독약 냄새가 코를 찌르며 들어왔고, 나는 겁에 질려 울음을 터뜨렸다. 그때는 크레졸이나 페놀 같은 냄새가 많이 나는 소독약을 사용했기 때문에 지금의 병원에서 풍기는 소독약보다 더 냄새가 강했다. 레지던트 시절에 어쩌다 동료들과 어울려 술집이라도 갈라치면, 초면인 술집주인이 우리들의 직업이 의사인 것을 금방 알아맞혔다.

어떻게 된 신통력인가 물어보면 우리 옷에서 병원 냄새 즉 소독약 냄새가 난다는 것이다. 즉, 의사로서의 향기가 난다는 말이다. 영화 〈여인의 향기〉에서 알 파치노는 시력이 거의 장님에 가까운 퇴역 장교 역을 훌륭히 소화해냈다. 영화에서 그는 상대편 여성에게서 풍기는 향기로 무슨 회사 제품의 비누와 향수를 쓰는지 귀신 같이 알아맞히는 재주를 가졌다. 아마 그가 의사를 만났더라면 의사의 향기쯤이야 식은 죽 먹듯 쉽게 알아맞혔으리라.

동물학자들에 의하면 암컷은 수컷을 유혹하기 위해 향을 풍기는 경우가 많다고 한다. 오늘날 여성들이 사용하는 향수도 결국 남성을 끌기 위해서라면 여성해방론자들에게 공격당하기 딱 좋은 발언일까?

옛날부터 죽은 사람도 살려 낼 수 있는 명약으로 사향을 알아주었다는데, 우리 의사들의 몸에서도 질병의 질곡에서 괴로워하는 환자들을 해방시킬 수 있는 신비의 사향 같은 향기가 소독약 대신 우러나온다면 얼마나 좋을까. ✿

세 가지 슬픔

"제 마음 속에는 세 가지 슬픔이 있습니다.

첫째는 아무리 해도 고칠 수 없는 질병을 앓고 있는 환자에게 어떠한 도움도 되지 못하는 슬픔입니다.

둘째는 돈 없는 가난한 환자가 자기의 병 걱정뿐만 아니라 돈 걱정까지 하지 않으면 안 되는 상황을 바라보아야 하는 슬픔입니다.

셋째는 제 딴에는 환자의 처지가 되려는 마음으로 진료를 하지만, 결국은 그 환자의 마음이 될 수 없다는 절망 속의 슬픔입니다."

이 글은 육종으로 다리를 절단하고 투병하면서도 끝까지 환자를 진료하다 쓰러져 간 어느 젊은 의사의 유고 중 일부이다.

오늘도 많은 환자들이 병원을 찾는다. 인류가 태어난 이래 인류의 역사는 전쟁과 질병의 역사라고 할 정도로 병마는 인간을 괴롭혀 왔다.

훌륭한 선인, 선배님들의 부단한 노력으로 많은 질병을 치료할 수 있게 된 것은 사실이지만, 불치의 병으로 꼽히는 병은 여전히 많다. 의사들이 이러한 불치병에 걸려 있는 환자들을 어떻게 치료해야 할까? 정말 괴로운 일이 아닐 수 없다.

시한부 생명을 이어가고 있는 병상의 환자들에게 속수무책일 수밖에 없는 현실과 나의 부족한 능력이 안타깝기만 하다. 대학시절, 딱딱한 강의들만 연속되던 시절에 유난히도 현학적 표현을 잘 하시던 교수님이 G. O. K라는 말씀을 하셨었다. 'God Only Knows'의 줄인 말이다. 사람은 왜 태어나고 늙어가며 병들고 죽어가는가? 이에 대한 해답이 G. O. K라는 것이다. 그렇다, 결국 의사도 인간일진대, 의사의 힘으로만 병을 해결하기에는 너무 힘든 일일지 모른다. 그러나 언제까지 그러한 한계를 핑계 삼아 힘없이 꺼져가는 환자들의 손을 붙들고 위로만 할 수는 없는 일이다. 한 발자국, 한 발자국 열심히 탐구함으로써 신에게 다가가는 자세가 필요하리라. 훗날 이 길을 걸어올 후배들의 첫 번째 슬픔을 조금이라도 덜어 주기 위해서 말이다.

두 번째의 슬픔은 우리 주위에는 아직도 가난한 사람들이 많다는 의미를 담고 있다. 과거에 비해 경제가 발전하고 전체적인 생활 수준은 향상되었지만, 이와 함께 삶의 질곡에 허덕이는 사람들 또한 점점 늘어가고 있다. 게다가 질병이란 놈은 가난한 사람들에게 더 많이 찾아가는 기묘한 성질을 갖고 있으니… 질병에 시달리는 빈민들 대부분이 치료비가 적게 드는 의료보호대상자가 아닌 경우가 많다. 이들에게 느껴지는 병원의 문턱은 너무나 높을 뿐이다. 살고 싶은 것은 우리 모두의 본능일진대, 훌륭한 의료시설과 의료진이 그림의 떡이라면 얼마나 안타까운 일인가? 의사는 환자 앞에 서야만 그 진가를 빛낼 수 있는 것이다. 다행스럽게도 나는 주위에서 이들에게 따뜻한 마음으로 정성을 다하는 동료들과 선배들이 많이 있음을 목도하고 있다.

세 번째의 슬픔은 우리 의사들이 가장 절실하게 느끼면서도 망각하기 쉬운 문제이다. 치료에 있어서 의사와 환자간의 돈독한 인간관계처럼 소중한 것은 없다. 의사는 인간을 대상으로 하는 직업인만큼, 환자의 마음을 잘 헤아리고 어루만질 줄 알아야 한다. 그러나 의사들은 환자라는 '인간'을 잊은 채 질병만을 치료할 때가 많다.

히포크라테스 이래로 인류의 존경을 받아온 의사라는 직업은 근래에 들어 '부조리' 라는 단어를 꼬리에 달고 다니게 되었다. 정말 서글픈 일이다. 환자가 의사를 믿지 못하고, 의사는 항상 환자를 경계해야 하는 그러한 시대가 온다면 인술은 존재하지 않는 것이나 다름없다. 병고라는 무거운 짐을 짊어진 사람을 칠흑같이 어둡고 험한 세상을 홀로 걸어가게 하는 메마른 사회가 되어서는 안된다.

가난하고 병든 이들에게는 어두움을 밝혀 줄 촛불이 필요하다.

자신을 불태우면서 이 세상을 환하게 밝혀 주는 촛불 말이다. 병든 자들에게 촛불이 되어야 하는 사람은 다름 아닌 의사이다. 의사는 환자의 마음이 되어 환자를 위해 자신을 희생해서라도 무엇이든 해야겠다는 자세로 노력해야 하고, 환자는 그에 대한 보답으로 요양에 전념하여 자신의 병을 이겨 나가야 한다. 생사의 갈림길을 몇 번씩 넘나드는 환자의 곁에서 며칠 밤을 지새운 후 환자가 완쾌되었을 때 의사는 이루 형언할 수 없는 기쁨을 맛본다. 이는 의사만이 누릴 수 있고, 이해할 수 있는 영광이다. 의사와 환자가 마음과 마음간의 대화를 통해 이심전심으로 노력하며 병고를 헤쳐나갈 때 유토피아는 완성되어가는 것이 아닐까. 파랑새는 결코 먼 곳에 있지 않다고 하지 않던가. 생떽쥐페리는 〈어린왕자〉에서 다음과 같이 말하고 있다.

"어떤 사물이든지 마음으로 보지 않으면 잘 보이지 않는 법이다. 소중한 것은 눈에 보이지 않는 법, 사람들은 이렇게 중요한 것을 잊어버리고 있다." ✿

딸의 연인

아침저녁으로 살랑살랑 불어오는 바람에 한기보다는 훈훈함이 깃들어 있으니 벌써 겨울이 뒷모습을 보이고 있는 모양이다.

바야흐로 봄이 오고 있다. 봄은 삼라만상에게 생기와 활기를 북돋워줄뿐 아니라 겨우내 잠들어 있던 우리의 감정에도 활력을 불어 넣어 준다. 이렇게 대자연에도 봄이 있듯 인생살이에도 봄은 오기 마련이다. 이름하여 '사춘기'라는 다소 문학적인 멋을 부린 용어로써 봄을 생각하는 시기라는 뜻의 유행가에도 회자하는 이팔청춘 꽃다운 시기를 모든 성인들은 겪어보았으리라.

사춘기 때에는 곧잘 반항도 하며 감수성이 예민해지고 인생과 사랑도 어설프게 어림짐작하려 든다. 그러나 이미 다 커버린 뒤에 회고해 보면 사춘기 때의 풋풋한 감정은 지금도 고소를 머금케할 것이다. 딸 아이가 중학교를 다니던 20여년 전 일이다. 세상 인심이 너무 험악해지고 어수선한 것 같아서 요모조모로 딸 아이에게 딴에는 신경을 쓴다고 노력하고 있는데 어느 날부터 딸아이에게 약간의 변화가 느껴졌다. 그러더니 어느 날 뜬금없이 "아빠 나 애인생겼다"면서 자랑을 하더니 애인 사진을 구해서 보여주겠다는 것이었다.

　이게 무슨 홍두깨 같은 소리인가? 요즈음 애들은 성숙해서 벌써부터 사진교환까지 한다는 말인가 하고 어이없어 하는 내게 녀석이 내민건 콧날이 오똑하게 선 우리와는 별종인 미국소년의 사진이었다. 아니, 언제 나도 모르게 펜팔을 하였나 하면서 누구냐고 물어봤더니 다름 아닌 '뉴 키즈 온 더 블록'이라는 보컬그룹의 막내란다. 놀란 가슴을 쓸어내리면서 여하튼 나는 '뉴 키즈 온 더 블록'의 가수를 연인으로 둔 딸 덕분에 그들이 방한하여 공연을 할 때 어쩔 수 없이 공연장에 직접 가게 되었다. 그런데 몇 천명 가까운 관중 중 일부 또는 수십 명이 앞다투어 앞으로 나가다가 넘어지는 사고가 생긴 것이다.

　이 사고로 인해 메스컴에서는 연일 십대들의 광란으로 인해 사고가 난 것처럼 왜곡, 과장시켜 떠들어댔었다. 나 역시 그 자리에 있지 않았다면 언론이나 매스컴의 보도를 액면 그대로 믿었을지 모르겠다. 그러나 대다수의 10대들은 사고가 난줄도 모르고 질서정연하게 공연을 즐겼다. 단지 공연이 시작되자 공연장이 떠나갈 듯 주위의 눈을 의식하지 않고 열띤 몸부림에 가까운 행동을 보였을 뿐이었다.

기성세대인 나로서는 사실 이해하기 힘들고 생경했지만, 공연장에서 질러대던 그들의 함성이 오로지 입시위주의 점수벌레를 만드는 어른과 사회에 대한 여릿한 항의의 소리는 아닐까 하는 생각이 들었다. 기성세대의 잣대로 이것은 이래서 안되고 저것은 저래서 안된다고 하며 억누르지만 말고 나의 청소년시절을 되뇌어보며, 그들만의 세계가 있다는 것을 인정하는 것이 필요하다는 생각이 들었다.
　좋은 학군을 위해, 이름있는 입시학원을 다니기 위해 이사를 가는 부모들을 보면서 아직도 우리나라의 교육문제에 대한 해결의 실마리가 보이지 않는 현실이 답답할 뿐이다. 그 후 딸은 그 가수와 무슨 묘한 인연이 있었던지 그가 우리나라를 방문할 때마다 통역이나 기자로서 두 번씩이나 더 만날 기회를 가졌었으니 과연 애인과 다름없다고 여겨질 수밖에…. ✿

단지 의사라는 이유만으로

하루 걸러 당직하던 고달픈 레지던트 시절의 어느 날, 나는 심한 몸살을 앓기 시작했다. 처음 열이 오르고 머리가 아플 때 나는 너무 무리해서 감기 몸살이 걸린 것으로 대수롭지 않게 여기고, 아스피린 몇 알을 먹으면서 버텼다. 끙끙 앓으면서도 병원 근무를 하던 내 모습을 딱한 듯 지켜보던 동료는 나에게 진찰을 받아볼 것을 권유했다.

"이 친구야! 그렇게 혼자서 끙끙 앓고 있지만 말고 진찰을 받아!"
"괜찮아. 약 먹었으니까 좀 있으면 나아질거야."
"고집부리지마. 내가 보기엔 심상치 않은 것 같아."
"그래도 명색이 의사인데, 내 몸 하나 건사 못하겠나? 괜찮아."

그러나 사흘이 지나도 열은 잡히지 않았고, 증상은 점점 심해졌다. 마침내 나는 생애 처음으로 온몸이 사시나무 떨 듯 떨리고 이가 맞닿는 오한을 일으키며 몸져 눕고 말았다. 이가 맞닿을 정도로 벌벌 떨었지만, 몸은 섭씨 40도가 넘는 고열에 벌겋게 달아올랐다.

그제서야 내 짧은 소견에도 병이 심상치 않음이 느껴졌다. 그 다음날 혈액검사와 비달 테스트장티푸스를 진단하는 혈청검사를 했더니 장티푸스라는 결과가 나왔다. 당시 내가 근무하던 병실에는 장티푸스로 인한 장천공 환자들이 두세 명 입원해 있었고, 드레싱상처 소독은 내가 도맡아 하고 있었다.

결국 병원 감염의 대표적인 예가 된 셈이었다. 나는 수석 레지던트에게만 살짝 내 병명을 귀띔하고 병가를 받았고, 집에서 클로로마이신으로 치료를 했다. 의사가 얼마나 칠칠치 못하게 굴었으면 환자에게서 병을 옮았나 하는 비난을 받을까 봐 병원 치료를 꿈도 못꾼 채 집에서 혼자 감당했던 것이다.

그야말로 벙어리 냉가슴 앓는 심경이었다. 내 병은 의사로서 특수한 상황에서 환자를 다루다가 생긴 일종의 직업병이었지만, 나는 어느 누구에게 하소연 할 수도 없었고 떳떳하게 내가 아프다고 말하며 상의할 수도 없었다. 다른 직업 같으면 작업환경을 개선하라든지 예방대책을 강구하라고 목청을 높이고, 위험수당이라도 받을 수 있는 문제이련만, 의사라는 체면때문에 직무상 생긴 자기병은 쉬쉬하며 치료해야 하고, 때로는 아픔을 참고서 자기 몸보다 우선하여 환자들을 먼저 돌봐야 하는 것이다.

의사들이나 병원에 근무하는 사람들이 간염이나 에이즈에 걸릴 가능성이 높다는 것은 이미 잘 알려져 있는 사실이다. 아이러니컬하게도 의학전문인들의 집단인 병원은 이런 유해한 환경대책에 대해 큰 관심이 없다. 결국 감염의 위험에서 벗어나려면 의사들 스스로가 자기 몸을 보호하여야 된다는 결론이 나온다.

가령 간염 환자를 다룰 때는 일회용 장갑을 끼고 다루고 환자와 접촉하고 나서는 손을 자주 씻는다든지, 수술할 때에는 손가락을 다치지 않아야 하며, 장갑을 두 컬레쯤 끼고 수술함으로써 세균에 스스로를 무모하게 노출하지 않도록 해야 한다는 것이다. 병을 치료하는 의사의 몸이라고 해서 세균이 피해갈 리는 만무하니까. 언젠가 소아과를 전공하는 동료가 나에게 한바탕 넋두리를 늘어놓았다.

"환절기만 되면 내 아들놈은 꼭 어김없이 감기를 앓는단 말이야. 아마 내가 감기 바이러스를 환자에게서 아들놈에게 옮겨 주는 운반자 역할을 하나봐. 젠장! 그놈도 애비 한번 잘못 만났지?"

동료의 푸념을 듣다보니 문득 생각나는 것이 있었다. 내 아이들도 유달리 잔병치레를 많이 하고 있다는 사실이 번개처럼 내 머리를 스치고 지나갔던 것이다.

"허참…"

"왜 그래?"

"아빠가 의사라는 이유만으로 우리 2세들은 '감기 박사' 소리를 들어야 한단 말이지. 이거야 원."

내 입에서는 어느새 긴 한숨이 흘러나왔다. ✿

의사의 아내는 영원한 '애첩'

미혼의 젊은 여성들에게 가장 인기 있는 배필감의 직업은 의사, 판검사, 변호사, 교수, 사업가 등이라고 한다.

그때 그때 세태가 반영되는 것이 인기 신랑의 직업인 만큼, 변천사를 훑어 보는 것도 꽤 재미가 있다. 예전에는 은행원이나 장교가 인기였던 시절이 있었는데, 요즈음 신세대에게는 과거에 듣도 보도 못한 신종 직업인 앵커, 컴퓨터 프로그래머나 펀드매니저, 벤처사업가들이 선망의 대상인 모양이다.

의사나 판검사, 교수 등의 직업은 유구한 역사와 함께 오랫동안 인기를 유지하고 있는 직업임에 틀림없다. 이중 다른 직업은 문외한이어서 잘 모르겠고, 의사가 남편감으로서 인기가 있다는 것에 대해 생각해 보자. 의사가 인기있는 첫 번째의 이유는 안정된 직업이라는 생각 때문이다.

대개 의사는 다른 직업과 달리 이리저리 전근을 다닐 필요가 없고, 전쟁이나 천재지변 같은 위급한 상황이 와도 호구지책을 해결할 수 있다는 것이다. 맞는 말이다. 설사 불경기가 불어 닥쳐도 병자는 있기 마련이고, 흉년이 들어도 환자는 항상 있기 때문이다. 전쟁터에도 다른 어떠한 직업보다 의사가 필요하며, 어떤 이데올로기를 가진 국가에서도 반드시 있어야 하는 직업이 바로 의사이다.

그렇다면 의사를 남편으로 맞이한 부인은 과연 행복을 느낄까? 내가 여자의 입장이 아니라서 장담은 못하지만, 아마도 80% 이상의 의사 부인들은 아니라고 대답할 것이다. 왜냐하면 의사는 말 그대로 시도 때도 없이 환자를 보살펴야 하기 때문이다. 응급환자가 거의 없는 병리과 의사, 재활의학과 의사 같은 경우는 예외지만, 대부분의 의사들은 응급환자 때문에 불시에 병원의 부름을 받게 된다. 그래서 총각 의사의 경우는 데이트 약속을 못 지키거나, 결혼한 경우에도 아내와 모처럼만의 외식 약속도 응급 수술로 인해 몇 시간씩 바람맞히는 경우가 비일비재하다.

언젠가 어느 레지던트 부인이 하소연하는 이야기를 들은 적이 있다. 그녀는 아파트 층계를 내려가는 자신의 등 뒤에서 아줌마들이 수근대던 소리를 들었다고 했다.

"쯧쯧! 젊은 아가씨가 뭐가 아쉬워서 남의 첩노릇을 하고 있노?"

"그래? 저 아가씨가 첩이란 말이지?"

"분명하다니깐! 아마 남자가 돈 많은 재일교포나 재벌 2세인 모양이야. 일주일에 한두 번 어쩌다가 밤늦게 왔다가 새벽같이 나가는 것 같더군. 토요일이나 주말에는 거의 남자가 없는 것 같고 말이야. 상당히 바쁜 걸 보니 외국에서 주로 사업하는 사람 같아."

그녀는 '다른 사람 이야기겠지' 싶어 주위를 둘러보았지만, 자신 외에는 아무도 없어 의아했다. '설마 내게 하는 이야기는 아닐거야'라고 생각했던 그녀는 집에 돌아와 곰곰 생각해 보니 자기의 입장이 꼭 그렇게 오해를 받기 좋게 보인다는 걸 깨달았다.

외과 1년차 레지던트인 남편은 일주일에 하루나 이틀쯤 당직이 없는 날, 그것도 밤이 으슥해서 집에 돌아왔다가 다음 날 새벽 같이 나가곤 하니, 남편의 직업을 잘 모르는 이웃들이 오해할 만했던 것이다. 그녀는 생각할수록 화가 치밀었다.

"이 잘난 남편, 들어오기만 해봐라! 바가지를 박박 긁어 댄 다음 보따리를 싸들고 친정에 간다며 시위를 해야지. 차라리 돈 많은 남자의 첩 신세라면 돈이나 실컷 써보지. 이건 쥐꼬리만한 월급이나 벌어다 주면서 허구한 날 독수공방 신세야! 남의 눈에 첩으로 보이게 만들어 놓고… 내가 콧대 높은 처녀 때 내로라하는 남자들을 마다하고 자기를 선택했는데, 그때 눈이 삐었는지, 무엇에 꼬임을 당하였는지. 참 신세 처량하다. 이게 누구 때문이야! 정말 참을 수 없어!"

그러나 그녀는 남편에게 한 마디도 할 수 없었다. 그날 밤 늦게 며칠 밤을 설친 듯 초췌한 모습의 남편이 빨래를 한아름 안고 집 안으로 들어서자, 그녀의 머릿 속에서 남편을 원망하는 생각은 씻은 듯

사라졌다. 남편이 불쌍하고 측은하게 보였다. 저녁을 먹는 둥 마는 둥 하고 이내 잠에 취해 세상 모르고 쓰러져 자는 남편 옆에 앉아 남편의 얼굴을 보고 있노라니 눈물이 핑 돌았다.

'저이도 얼마나 피곤할까? 누군들 편하게 살고 싶지 않을까? 의사라는 직업이 무엇이길래 저리도 피곤하고 고단해야만 할까? 나도 편안하게 해줘야 저이가 집을 잊고 환자를 위하여 불철주야 열심히 일할 수 있지 않을까?

사랑 투정이나 하는 나하고는 비교조차 할 수 없는 불행한 입장의 환자들에게 내 남편의 따스한 손길이 한번이라도 더 가야 하지 않을까? 그래! 난 차라리 그 이의 영원한 애첩으로 남자! 그것이 더 행복하고 보람있는 일이야!'

그렇다. 서로에 대한 존경과 사랑 없이 단순한 허영심에서 의사를 남편으로 택했다면 이러한 이해는 불가능했을 것이다. 외과의사인 남편의 애첩으로 남기를 희망한 이 부인의 결심이야말로 탁월한 선택이 아닐 수 없다. 이러한 부인들의 슬기가 있기에 오늘도 중환자의 곁에는 의사의 손길이 머물 수 있는 것이리라. ✿

행복한 결혼

결혼은 인륜지대사라고 한다. 결혼을 둘러싸고 예로부터 숱한 일화들이 전해지고 결혼을 주제로 한 노래, 소설, 연극, 영화들이 우리의 주목을 끄는 이유는 우리의 인생에 있어 그만큼 결혼이 비중있는 무게를 갖기 때문이다. 피상적으로 보면 결혼은 남녀가 가정을 이루기 위한 결합으로 정의될 수도 있겠지만, 그 바탕은 사랑이다. 즉 서로에 대한 사랑이 없다면 결혼은 단순한 만남 그 자체에 지나지 않을 것이고 결국 파국을 초래할 수밖에 없다.

사랑을 바탕으로 한 인연이어야 그 안에서 더욱 믿음이 생기고, 이러한 믿음을 통해 어떠한 어려움도 헤쳐나갈 수 있는 힘이 생긴다. 부부간에 사랑이 없다면 가정은 난파선처럼 위태롭게 흔들릴 것이다. 그러나 요즈음 젊은이들은 이러한 결혼을 마치 상품을 저울질

하듯 가볍게 다루는 것 같아 안타깝다. 아무리 아름다운 사랑의 주인공들이라 해도 순간적인 충돌로 인해 쉽게 헤어지니 말이다. 처음에는 사랑으로 맺어진 결합이라 하더라도 사랑을 가꾸고 보살피는 지속적인 노력이 없다면, 불행의 종국으로 줄달음칠 수 있다는 것을 보여주는 단적인 예다.

나는 이러한 불행의 원인이 서로를 이해하려는 노력이 부족하기 때문이라고 생각한다. 상대방을 자신의 틀에 맞춰 사고하는 좁은 마음보다는, 한 발짝 물러서서 상대편의 입장에서 상황을 판단하려는 너그러운 마음 자세가 필요하다. 이러한 마음의 자세만이 사랑으로 맺어진 결혼을 '백년해로'라는 해피엔딩으로 맺는 필수불가결한 요소이다.

두 번째로 필요한 것은 믿음이다. 신뢰가 없는 인간관계는 사상누각과 다를 바 없다. 남편 또는 아내가 아무리 미덥지 못한 행동을 했을지라도 믿음이 있으면 오해는 저절로 사라지게 된다. 상대방을 믿지 못하면 사소한 행동 하나에도 의심이 생기고 불행의 싹이 트기 시작한다. 남편이나 아내를 서로 하늘같이 믿을 수 있다면 두 사람의 사이에는 영원이란 말이 평생동안 살아 움직일 것이다.

결혼한 부부라면 완전한 성인이라고 할 만하다. 그래서 갖추어야 하는 덕목이 효도이다. 오늘의 자신이 있게 만든 것은 부모의 헌신적인 희생이라는 사실을 절대 잊지 말아야 할 것이다. 흔히 부모들의 자녀 사랑은 내리사랑이라고 말한다. 자녀들은 부모의 사랑을 잘 이해하지 못한다.

그 자신이 부모가 되어서야 조금씩 깨우칠 수 있을 것이다. 나는 올해 결혼 34주년을 맞이했다. 엊그제 마음 설레며 떨리는 마음으로 결혼식장에 들어선 것 같은데, 벌써 강산이 세번하고 반이나 바뀔만한 세월이 흘렀다. 지나간 발자취를 되돌아보면 인생에 있어 가장 활동적인 시기인 20~30대를 너무나 바쁘게 살며 보냈다. 그리하여 가정생활에 많은 시간을 할애하지 못했다.

그러나 다행히도 나와 내 아내 사이에는 사소한 일로 인한 작은 충돌이 있었을 뿐, 부부애를 크게 손상시킬 만한 일은 없었다. 서로 자기가 옳다며 며칠씩 말도 안하고 지내기도 했지만, 이 정도는 부부애를 다지기 위한 양념이 아닌가 한다. 부부싸움은 칼로 물베기라는 속담처럼. 이렇게 살아오는 동안 우리 부부도 이제 중년의 마루턱을 넘어섰다.

앞으로는 더욱 멋과 여유를 지녀야겠다고 다짐해 본다. 새로운 출발을 앞둔 후배들에게 인생의 선배로서 조언을 한다면, 결혼은 사랑으로 출발시켜 서로를 이해하려는 노력을 통해 지속되어야 하고, 그래야 행복할 수 있다는 사실이다. ✿

양폴레옹의 결심

"당신 내가 별명 하나 붙여줄까요?"

"응?"

이건 또 무슨 소리인가? 오호라, 아내가 연애시절을 회상하고 싶은 모양이군. 연애시절, 우리는 서로에 대해 애칭을 붙여주길 좋아했다.

"물론 좋지. 뭐라고 해줄건데?"

"양폴레옹이요."

"양…폴레옹?"

내가 나폴레옹과 닮은 구석이라도 있는 것일까. 은근히 어깨가 으쓱거렸다. 그저 피고름이나 짜면서 밥 먹고 사는 주제인 나를 희대의 영웅 나폴레옹과 비교했다니, 얼마나 고마운지 감격할 지경이었다. 내가 어린 시절에 가장 먼저 읽은 위인전이 나폴레옹에 대한 것이었다.

나폴레옹의 전신을 보면 약간 벗겨진 이마, 날카로운 눈매, 꼭 다문 입술, 그리고 작달막한 키에 오만한 듯 불쑥 나온 배가 인상적이다. 그는 그런 보잘 것 없는(?) 육체를 가지고 전 유럽을 호령했던 시대의 영웅이었다. 앗, 그렇구나! 나는 순간 내 배를 의식하지 않을 수 없었다. 그제서야 나는 아내가 '양폴레옹'이란 별명을 붙여준 이유를 깨달을 수 있었다. 나는 거울 앞에 가서 내 몸을 비춰보았다. 불쑥 나온 배가 마치 임산부 같았다. 아, 어쩌다가 내 몸매가 이렇게 망가졌단 말인가.

학창 시절, 나는 '갈비씨'라고 놀리는 친구들이 많이 있었을 정도로 몸이 마른 편이었다. 그런데 10여 년 전부터 체중이 늘어나기 시작하더니 이제는 비만하다고 볼 정도로 몸이 둔해져 버렸다.

통통하게 불어난 몸에서 꼴불견은 뭐니뭐니 해도 불쑥 튀어나온 배다. 바지 벨트가 허리춤에서 점점 미끄러져 내려가는 꼴이 내가 보아도 정말 가관이었다. 이렇게 체중이 불어나게 된 계기는 대학 시절부터 피워 대던 담배를 20년 만에 끊어 버린 것이었다.

20년 동안 애연가로 행세하던 내가 담배를 끊게 된 데는 나름대로 이유가 있었다. 물론 담배가 건강에 해롭다는 기본적인 의학상식을 생각했기 때문이기도 하지만, 의사인 내가 담배를 뻑뻑 피우면서 환자에게는 건강에 해로우니 빨리 담배를 끊으라고 설득한다면 몇

떳한 일이 아니라 생각했기 때문이다.

담배를 끊는 방법에는 여러가지 기발한 것들이 있지만, 무엇보다 중요한 것은 담배를 끊으려는 심리적 의지이다. 내가 금연에 성공한 것도 아마 의사라는 직업의식이 심리적으로 강렬하게 작용했기 때문일 것이다.

좋아하던 담배를 끊고 난후 나는 음식을 보면 군침이 돌고 식욕을 왕성하게 느꼈고, 그로인해 금연한지 불과 석 달 사이에 5~6킬로그램의 체중이 늘어나 버렸다. 처음에는 체중이 늘고 식욕이 불어나는 것이 신기하게 느껴져 신바람이 났지만, 나중에는 무서운 체중 증가에 위협을 느껴 운동과 다이어트로 감량 작전을 세웠다.

그러나 번번이 실패하고 배가 볼록 나온 오뚝이 같은 모습의 전형적인(?) 중년 신사의 모습을 갖추게 되었다. 강남 제비 같다던 그 날씬하고 날렵하던 모습은 추억의 앨범 속으로 날려 보내고 말이다.

나도 내 모습을 보는 순간 '이래서는 안되겠구나' 하는 아찔한 생각이 들었다. 어느 의사가 말했던가? 비만증 치료의 첫걸음은 우선 자기의 전신상을 스스로 거울에 비쳐 보아 자기의 모습에 혐오감을 느끼게 만드는 것이라고. 덕분에 요즈음은 매일 아침 일찍 일어나 가까운 수영장에 간다.

수영을 택한 이유는 이것이 부력을 받으며 하는 전신운동인지라 평소에 운동을 하지 않았던 나에게 가장 무난하리라 여겨졌기 때문이다.

오늘도 새벽에 졸리는 눈을 비비며 수영장으로 나서는 나에게 마음 속에서 속삭이는 소리가 들린다.

"여보게! 양폴레옹. 열심히 해보게. 부디 이번에는 작심삼일로 끝나지 말게나. 거울 앞에서 다시 날씬한 배를 볼 수 있기를." ✿

미얀마, 그 참사의 현장에서

　　누구에게나 해외여행은 미지의 세계에 대한 가슴 설레는 기대와 초조감을 불러 일으킨다. 특히 첫 해외여행은 마치 첫날밤을 앞둔 신부의 마음처럼 들뜨기도 하고 두렵기도 한, 뭐라 형용할 수 없는 경험일 것이다.

　　그러나 나의 첫 해외여행은 뜻하지 않고 예상도 할 수 없이, 그 야말로 '아닌 밤중에 홍두깨' 격으로 이루어졌다. 때는 1983년 10월 9일, 한글날이었다.

　　당시 한글날은 공휴일이었고, 나는 한가롭게 집에서 텔레비전을 보고 있는데 긴급한 뉴스가 흘러나왔다. 우리나라 대통령이 버마(현재는 미얀마로 부른다)를 방문중인데, 폭발사고가 난 것 같다는 것이었다. 그 후 시시각각으로 보도되는 뉴스를 통해 우리 국민들은 대통령은 무사하지만 많은 인명피해가 발생했다는 사실을 알 수 있었다. 국민 모두가 촉각을 곤두세우고 사태 진전을 예의주시했고, 전국의 공무원들은 비상근무에 돌입했다. 그날 저녁 무렵, 내가 근무하는 병원의 의료진에게 비상 연락이 떨어졌다. 미얀마로 의료단이 출동해야 할 것이라는 전갈이었다. 나를 비롯한 의료진들은 부산하게 비상약과 치료기구들을 준비했다. 불과 몇 시간만에 의료진의 여권이 만들어지자, 우리는 대여섯 시간만에 미얀마 현지로 날아가는 비행기를 탔다.

우리 의료진은 7시간의 비행 끝에 미얀마의 수도인 랑군 공항에 도착하였다. 랑군 공항은 비행기도 몇 대 없고 트랩을 내려 공항 청사까지 걸어가야 할 정도로 시설이 낙후된 공항이었다. 우리는 공항에서 입국 수속을 마치고 마중 나와 있던 현지 대사관 직원들의 안내로 곧장 부상자가 수용되어 있는 육군병원으로 향했다. 병원에 도착하니 미얀마 측 의료진이 환자들에 대한 브리핑 준비를 끝내고 우리가 도착하기를 기다리고 있었다.

그들의 브리핑에 의하면 사망자들의 처리는 이미 끝났고, 부상자들은 치료를 받는 중이라고 했다. 부상자들은 대부분 화상이나 파편상, 찰과상 등을 입었는데, 가장 상태가 안 좋은 환자가 흉부에 파편상을 입어 호흡 곤란을 겪는 환자와, 골절상과 눈에 상처를 입어 시력 보존에 문제가 생긴 환자였다.

미얀마의 병원 시설은 마치 50년대 우리나라의 시골 도립병원 정도와 비슷했는데, 벽에 도마뱀이 기어다닐 정도로 시설의 보수 상태가 좋지 않았다. 한국 의사들이 온다는 소식에 병원 직원들이 모두 동원되어 병원 복도를 청소한 모양이었다.

시멘트 바닥에 무릎을 꿇고 걸레질하는 모습도 보였다. 항생제나 링거가 원활하게 공급되지 않아 밀수입된 약품을 암시장에서 구해서 쓴다고 했다. 부상자들의 상처에 감겨진 거즈나 붕대도 이미 다른 환자들에게 사용했던 것을 소독해서 재사용한 것이었다. 석고 붕대는 조금만 손을 대도 부스러질 만큼 아주 조잡하고 형편없었다.

우리나라도 6.25 직후에는 그러했을 터였다. 새삼 연민의 정이 느껴졌다. 그러나 의료진의 수준은 결코 뒤처지지 않았다. 과거 영국의 지배를 받은 탓에 영어가 능통했고, 영국에 유학갔던 의사들도 있었다.

한국과 미얀마의 의료진은 상의 끝에 하루라도 빨리 부상자들을 서울로 옮겨 치료해야 한다는 결론을 내리고, 그날 바로 비행기를 띄우기로 결정했다. 우리는 미국의 필리핀 클라크 공군기지에 협조를 요청했고, 미군측이 보내준 비행기로 급한 환자들을 클라크 기지로 호송, 우선 급한 치료를 마쳤다.

내가 탄 비행기는 김포를 향해 출발했다. 출발 전, 우리는 헌신적인 도움을 준 미얀마 의료진에 대한 감사의 표시로 우리가 갖고 있던 고가의 항생제나 수액제 같은 응급 의약품의 일부를 선물했다. 김포공항에 도착한 우리 의료진과 부상자들의 모습은 텔레비전에 생중계 되었다. 나의 첫 해외여행은 이렇게 끝났다. 24시간도 채 안

되는 짧은 해외여행이었지만, 많은 것을 배웠다. 역사속에 한 페이지를 장식하는 여행이기도 했다. ✿

세계 속의 한의학을 꿈꾸며

서양의학이 우리나라에 소개된 것은 100여 년정도 된다. 그러나 우리나라 전통 한의학은 서양의학보다 더 우리 민족에게 익숙한 의학이다.

서양의학은 질병을 미세한 시각으로 보고 치료법을 찾는다면, 한의학은 몸 전체기관을 연결된 하나의 현상으로 이해하고 거시적인 안목에서 치료법을 찾는다. 그래서일까. 서양의학이 풀지 못한 문제들 중에는 한의학으로 접근할 때 해법을 찾을 수 있는 것들이 꽤 많다.

세계적으로 가장 많이 사용되는 항암제는 '탁솔' 이란 약이다. 탁솔은 주목나무의 껍질에서 추출한 성분으로, 1992년 미국의 한 제약회사에서 개발되어 난소암과 유방암에 탁월한 효능을 보이고 있다.

그런데 이 뛰어난 효능을 가진 약품의 근원지가 바로 동양의 중국이다. 예로부터 중국에서는 주목나무 껍질을 약제로 사용해왔다. 이것이 1970년대에 미국의 의학자들에게 알려지면서, 항암치료제로 개발되게 된 것이다.

주목나무 껍질에 주목한 미국 의학자들은 이것의 의학적 효능을 알아내기 위한 연구에 들어갔고, 그 결과 주목나무 껍질에 암의 종양을 죽이는 성분이 함유되어 있다는 사실을 발견했다.

세계적으로 동양의학에 대한 관심은 점점 높아지고 있다. 미국과 프랑스, 이탈리아, 독일, 등의 국가가 자체적으로 동양의학을 연구하는 인력을 두고 서양의학으로 풀지 못한 의학의 난제들을 연구하고 있다는 사실은 대단히 고무적이다. 미국의 의학박사 앤드류 와일은 자신의 저서 〈자연치유〉에서 동양의학에 대한 깊은 관심을 드러냈다.

"동양의학에서는 환자의 눈과 혀, 안색 등을 살피는 신체 관찰, 촉진, 진맥을 기초로 해서 환자를 진찰한다.

이는 대단한 기술과 풍부한 경험을 요하는 것이다. 환자에 대한 치료약은 약초를 기본으로 해서 만든다. 한의학의 약전은 매우 방대한데, 그 가운데 많은 식물들이 서양 학자들의 관심을 받고 있다. 어떤 약초는 서양의학으로는 치료가 어려운 증상에 효력을 나타내기도 한다."

많은 서양 의학자들은 동양의학이 현대의학의 한계를 극복하는 대안이 될 것이라고 보고 있다. 이러한 시류는 우리나라 한의학을 세계적으로 알리는 기회가 될 수 있다. 우리 전통의학은 한漢의학에서 한韓의학이라는 주체성 있는 이름으로 고쳐져서 한 단계 나아가 발전의 계기를 갖춰 나가고 있다. 그러나 이러한 상황을 우리만 알고 있다면 발전에 한계가 있을 수밖에 없다.

외국 의학자들과 많은 교류를 통하여 한의학을 전파해야 한다. 우리나라의 전통의학이 세계 무대에 나가 객관적 방법에 의해 그 수준을 인정받아야만 위상을 높일 수 있는 것이다.

우리 의학을 세계에 알리는 데 가장 기본적인 어려움은 바로 언어의 장벽이다. 의학논문을 영어로 번역하는 작업은 우수한 논문을 완성시키는 과정만큼이나 중요한 일이다. 최근 몇 개 대학과 학회에서 영어논문집을 발간하고 있음은 매우 고무적인 일이다. 우수한 국내논문을 영어로 번역하는데 들어가는 시간과 노력이 부족하여 국외에서 발표할 시기를 놓치는 안타까운 모습을 주위에서 보는 경우가 있다.

따라서 우수한 논문이 영어 구술 능력의 부족과 번역하는 데 소요되는 시간부족으로 사장되지 않도록 하기 위해서는 의학논문도 문학작품처럼 전문적으로 번역할 수 있는 전문가들을 양성해야 한다. 영어를 전공한 사람들과 의학을 전공한 사람들 중에서 영어 구사 능력이 뛰어난 사람들로 위원회를 구성하여 국내에 발표되는 논문 중 우수한 논문은 번역하여 해외에 발표하도록 유도하는 것이 바람직하다고 생각한다.

의학 교과서나 의학 잡지에 우리나라 논문들이 많이 인용되고, 우리나라 의학자의 저서가 해외에서 많이 읽힌다면 우리의 의학은 명실공히 선진 의학으로 인정받을 수 있을 것이다. ❋

아들의 선택

　돌이켜보면 내가 의업의 길로 접어든 것에는 돌아가신 선친의 강력한 권유가 영향을 미쳤기 때문이다.
　어렸을 때부터 의사라는 직업은 다른 사람에게 자기 능력을 베풀 수 있고 항상 감사를 받을 수 있는 보람있는 직업이라고 말씀하셨기에 나는 학창시절 장래희망란에 의사라고 서슴지 않고 적게 되었고, 성장하면서 나의 직업은 당연히 의사가 되어야만 하는 것으로 알았었다. 아마도 교육자로 평생을 사신 선친께서는 의사라는 직업을 못내 동경하셔서 아들에게 의사의 길을 택하게끔 하신 것 같다. 의사의 길을 걸으면서 직업에 대해 후회하거나 회의를 품는 순간보다 그런대로 많은 보람을 느끼고 지내왔으니 선친께 감사할 따름이다.

나에게는 아들이 하나 있는데 이 아들의 진로를 정하게 하는데 아버지로서 고민이 적지 않았다. 아들이 고등학교 3학년이 되어 가야할 대학을 선택할 때 선친처럼 확고한 직업관을 갖고 아이를 키워오지 않은 나로서는 아들에게 어떤 직업을 선택하도록 조언을 해야 할지 당혹스러웠다.

물론 본인이 확실한 직업관을 가지고 있었다면야 문제는 달라졌겠지만… 아들이 대학교 전공과목을 무엇으로 정할 것인지에 대한 상의를 해왔을 때 당연히 의사가 일순위였다. 왜냐하면 의사 아닌 다른 직업에 대해 잘 알지 못할뿐더러 현재 의사로서 보람과 자부심을 어느 정도 느끼고 있었기 때문이다. 그러나 아들은 결국 의과대학을 선택하지 않았다. 아들의 이러한 결정에 처음에는 실망도 크고 불안하기도 해서 여러 얘기도 해봤지만 막무가내로 자기의 선택을 고집하는 아들을 보며 결국 본인이 선택한 길을 도와줄 결심을 하였다. 자식을 이기는 부모는 없다 하지 않는가.

올해 대학입시에도 의과대학은 강세였다. 특히 구조조정이다, 불황이다 해서 IMF사태를 겪고 나면서 굶지 않는 직업으로 경제적으로 안정이 되고 존경받는 직업을 찾다보니까 여러 업종군에 의사가 끼인 까닭이리라.

그러나 의사라는 직업의 위상이 미래에도 과연 지금처럼 유지될 수 있을까?

얼마 전 의사들의 실업에 대해서 매스컴에서 다뤄진 프로그램을 본 적이 있었는데 한편으로는 당혹스러웠다. 배출되는 의사는 점점 늘어나는 반면 병원들은 거품빼기에 나섰기 때문에 전문의를 갓딴 의사들은 취직자리나 개원을 엄두도 낼 수 없어 곤혹스러워한다는 것이다.

결국 의과대학을 나와서 자신의 기술을 써보지도 못한 채 택시를 운전한다는 어느 나라의 이야기가 이제 우리에게도 남의 이야기가 아닌 것 같다. 미래의 의사라는 직업이 이렇게 된다면 의사의 길을 택하지 않은 아들의 선택이 아빠보다 훨씬 현명하였다고 주장해도 별달리 할 말이 없지 않을까 현실이 걱정된다. ✿

얼빠진 의사 - 돌팔이

가끔 신문 사회면에서 의료분쟁에 대한 사건 보도를 볼 때가 있다. 과거에도 외과 수술을 받은 환자가 몇 년 후 배가 아프다며 병원을 찾아와 검사해 보니 거즈^{수술할 때 피를 닦아 수술부위를 잘 보이게 하는 붕대의 일종}나 가위, 지혈감자^{止血柑子 : 수술할 때 출혈을 막기 위하여 사용하는 기구}등이 뱃속에서 발견되어 시비거리가 되었던 경우가 간혹 있었다. 이러한 경우, 당하는 환자의 입장에서 보면 의사가 그렇게 원망스러울 수 없을 것이다.

의사가 조금만 정신차려서 수술기구를 잘 챙겼더라면 아무 문제가 발생하지 않았을 것이 아니던가. 얼빠진 의사를 만난 덕택에(?) 고생은 고생대로 하고 수술기구를 꺼내는 수술을 또 받아야 하는 억울함을 어디에 하소연할 것인가? 내가 레지던트였을 때 교수님께서 집도한 가슴 수술이 성공적으로 끝난 후 살을 꿰매는 바늘이 가슴 속에 남아 있는 것을 발견, 재수술에 들어가 몇 시간 동안 조그마한 바늘을 찾는 소동이 벌어진 적이 있었다. 이럴 때 환자나 보호자에게 어떻게 설명을 해야 할지 의사로서는 정말 난감하기 그지 없는 일이었다.

주의를 소홀히 한 바람에 어처구니 없는 실수를 저질러 환자에게 고통을 안겨주는 의사는 자격 없는 돌팔이와 다를 것이 없다. 그러나 거의 매일 같이 남의 배를 째는 '칼잡이' 외과의사들의 입장에서는 아무리 경험이 뛰어나고 능력이 남다르더라도 언제 어디서든 이런 일이 일어나지 말라는 보장이 없다.

왜냐하면 외과의사의 입장에서 보면 사람의 배 안은 그렇게 넓을 수 없기 때문이다. 뱃속에 들어 있는 구조물들을 보자. 위, 간, 비장, 췌장, 콩팥, 대장, 십이지장, 소장, 직장 등 무수히 많은 구조물들이 뱃속을 꽉 메우고 있다.

창자만 하더라도 굽이굽이 구절양곡九折羊曲으로 조물주께서 접어 넣으셨기에 몇 뼘 안되는 뱃속에 들어 있는 창자의 길이를 쭉 펼쳐 놓으면 그 길이는 키의 갑절이 넘을 만큼 엄청나다. 그렇기 때문에 복부수술 중 출혈을 막기 위해 거즈나 자그마한 수술기구를 사용했다가 조금만 부주의해서 이를 놓쳐도 사고가 발생한다. 수술에 사용되는 도구들은 일반인들이 생각하는 것보다 굉장히 작은 크기로, 창자 속에 파묻히면 전혀 창자와 구별이 안 가는 것이다.

'아차!'하는 실수로 말미암아 얼빠진 의사가 되지 않으려면 의사

스스로 주의하는 수밖에 없다. 외과의사들은 항상 수술을 마무리하기 전에 간호사들과 함께 수술 전후의 거즈와 수술기구의 숫자를 비교해서 틀림 없는지를 확인한다.

더 나아가 요즈음은 혹 실수를 저질러도 쉽게 찾을 수 있도록 거즈에 소형의 쇠고리를 단다든지, 엑스레이 촬영시 나타나는 특수한 표시를 한 거즈를 사용하기도 한다. 그러나 어떠한 방법으로도 실수를 완전히 막는 것은 불가능하다. 항상 정신 바짝 차리고 철저한 주의를 기울여야 한다.

외과의사는 병을 고쳐야 할 의무와 함께 이러한 실수를 저지르지 않도록 주의 의무를 다해야만 수술을 성공적으로 진행할 수 있다. 그렇지만 이러한 어려움은 외과의사들만이 알고 있을 뿐, 일반사람들은 이해하기 힘들다. 그래서 이래저래 외과의사는 외롭다.

누군가 비유했듯이 외과의사는 배의 선장과 같다. 선장은 항상 승객과 승무원의 안전과 생존을 책임져야 하고, 항해사도 갑판장도 아닌 선장 혼자서 모든 결정에 대한 책임을 져야 한다.

선장이 배 안에서의 사법권을 갖고 있듯이 수술실의 집도의는 환자의 생사여탈권에 관해 고독한 결정을 해야 할 때가 있다. 수술할 때 옆에서 도와주는 조수들이 있기는 하지만, 결정권과 그 결정의 책임은 집도의 한 사람에게 사실상 쏠려 있다. 그래서 이 세상에서 가장 외로운 사람은 낙도의 등대지기도 아닌, 수술실의 외과의사일 것이라는 선배 외과의사의 말이 귓전을 울린다. ✿

와이셔츠, 넥타이 그리고 청진기

오랜만에 의과대학 선후배가 한 자리에 모였다. 이제 막 수련의 과정을 마친 후배가 선배들 앞에 점퍼 차림으로 나와 자기 소개를 했는데, 한 선배가 그를 질책했다.

"왜 의사의 복장이 그 모양이야!"

"죄송합니다. 요즈음 전문의 시험을 준비하느라 옷 매무새에 신경을 못 썼습니다."

"이보게. 의사는 환자의 질병을 치료하기 이전에 환자에게 신뢰감을 주는 것이 중요해. 용모에 항상 신경을 써서 새하얀 가운 안에 와이셔츠와 넥타이를 매서 단정한 모습을 갖춰야 의사답게 보이지."

선배의 말인즉슨 의사가 덥수룩한 장발에 티셔츠와 청바지를 입고 진찰을 하면, 환자는 속으로 '뭐 저런 날라리가 의사라고…' 하며 의사를 가볍게 여겨, 결국 그 의사의 진단과 처방까지 잘 따르지 않는다는 것이었다. 그러자 옆에 있던 다른 선배가 한 마디 거들었다.

"의사가 갖추어야 할 것이 하나가 더 있네. 그게 뭔지 아나?"

"예? 잘 모르겠는데요…"

"바로 청진기야."

"예?"

"항상 청진기를 드는 의사, 그러니까 진지한 자세로 질병을 예리하게 탐구하는 자세를 가져야 진정한 의사라고 할 수 있다는 말이야."

참 좋은 말들이다. 의사 입장에서 환자에게 믿음을 심어주려면 새하얀 와이셔츠와 단정히 맨 넥타이 차림의 외형만이 전부는 아니다. 병마에 시달리는 환자를 구하기 위해 가장 필요한 것은 환자가 의사에 대해 갖는 믿음이다.

의사의 진단과 처방에 따르면 자신의 병이 나을 수 있을 것이라는 신뢰감이 없다면, 제아무리 약이 좋고 의사의 실력이 좋다고 해도 아무 소용이 없을 것이다. 환자가 의사를 절대적으로 믿고 따른다면, 그의 병의 절반은 나은 것이나 마찬가지다. 의학에서 '플라세보placebo 효과'라고 일컫는 것이 있다.

이를테면 만성 신경성 두통 환자에게 두통 치료제와 모양은 똑같지만 밀가루나 설탕처럼 성분은 아무것도 들어 있지 않은 가짜약을 처방했을 때 진짜약과 흡사하게 두통이 완화되는 현상을 가리킨다.

이는 의사에 대한 환자의 신뢰가 질병을 치료하는 데 결정적인 영향을 줄 수 있다는 증거인 것이다. 의사와 환자가 마음 깊은 곳에서 우러나오는 인간적인 애정과 교감을 나눈다면 얼마나 좋겠는가. 의사는 환자가 자신을 믿고 따를 때 더욱 책임감을 느끼게 되고, 아무리 불치의 병일지라도 끝까지 치료법을 모색하게 될 것이다.

반면에 의사의 치료에 이유없는 의혹의 눈길을 던지며 이 병원 저 병원, 이 의사 저 의사를 전전하며 소위 '병원 쇼핑'을 하는 환자의 결과는 그리 좋지 않은 경우가 많다.

근자에 와서 신문지상에 자주 등장하는 상류층 부조리의 대명사로 의사들이 오르내리고 있다. 혼수 시비, 부동산 투기, 탈세, 보험료 부당 청구, 그리고 의료사고 등… 의사도 이 풍진세상을 살아가는 인간인 바에야 이런저런 속세에 휩쓸릴 수 있을 것이다. 그러나 의사들이 타락하고 요령이 뛰어난 상류층의 표본인양 신문과 방송에 등장하는 모습을 보면 씁쓸한 마음을 억누르기 어렵다.

대부분의 의사들은 오늘도 어디선가 설렁탕 한 그릇 값에 지나지 않는 진찰비와 커피 한 잔 값 정도의 처치료에도 밤잠 못 자가면서 묵묵히 환자들을 치료하고 있다. 누가 말했던가?

"우리는 의사를 신처럼 숭배한다. 우리의 몸과 마음을 맡기면서까지, 아주 역설적이지만 의사들은 가장 상처받기 쉬운 사람들이다. 기대만큼 흡족하게 병을 치료할 수 없다는 사실을 너무 잘 알고 있는 그들은 수없이 고뇌한다. 의사도 결국 상처받는 치유자일 뿐이다."

　몇몇 불미스러운 사례들로 말미암아 제발 의사를 향한 사회의 시선이 불신으로 변하지 않기를 빈다. ✿

무의촌에 '말뚝' 박은 제자

"정말 오랜만이구나! 잘 지냈냐?"
"그래! 너는 여전하다?"
"여전하긴. 머리 희끗한 거 봐라."

나는 오랜만에 모 대학병원의 외과의사로 일하고 있던 친구를 만났다. 의과대학 시절 처음 만나 오랫동안 끈끈한 우정을 나누던 사이였지만, 서로 다른 병원에서 일하게 된 후로는 거의 얼굴을 보지 못했던 친구였다.

바쁜 생활에 쫓기다보면 친구를 만나서 살아온 이야기 한 토막 나누는 여유와 멋을 잃어버리기 쉽다. 우리는 식사를 한 후 술잔을 기울이며 시간가는 줄 모르고 이야기를 나눴다.

친구는 자신이 가르치고 있는 제자들의 이야기를 많이 해주었는데, 그중에서 나는 유독 한 명에게 관심이 갔다. 레지던트 과정 중 전문의 자격 취득을 위해 무의촌에 공중 보건의로 근무를 나갔다가 아예 그곳에 '눌러 앉았다'는 것이다.

"그 제자가 무의촌에 근무하러 간 지는 얼마나 되었나?"

"3년 쯤 되네. 그 친구 집에서도 당연히 6개월 후면 아들이 올라올 거라고 생각했거든. 아주 뜻밖이었지."

"집에서 반대하지는 않았나?"

"왜 안 그랬겠나? 아주 난리가 났었지. 부모님이 나한테까지 찾아와 아들을 말려달라고 했어."

"그런데?"

"그 친구, 요지부동이더군. 자신이 필요한 곳은 이곳이라는 확신이 든다고 했네."

"요즈음 젊은이들 중에도 그런 친구가 있구먼. 대단해!"

"암! 대단하고 말고. 공중 보건의를 마치고 전문의 자격을 딴 후에 그곳에서 개원했는데, 그때 나도 내려가서 축하해 주었지. 그쪽 동네에서 조촐하게 잔치도 열어줬다네."

친구는 그 제자에게 깊은 자긍심과 애정을 드러내 보였고, 나도 고개를 끄덕이며 동의를 표했다.

우리나라는 무의촌 해소 문제를 위해 전문의 자격을 취득하려면 6개월간 의무적으로 무의촌 근무를 하도록 규정한 때가 있었다.

의사들은 정부의 방침에 호응하여 벽촌의 보건소, 보건지소에서 공중보건의로 일하면서 문제해결에 동참해왔다.

군복무 대신에 무의촌 지역에 공중보건의로 근무한 의사들도 많았다. 우리나라 전문의의 숫자는 전체 의사의 과반을 넘어 외국의 20~30% 수준보다 훨씬 많은 것으로 알려져 있다. 전문의의 숫자는 의대 신설로 인해 점점 더 많아질 것으로 예상된다. 2010년 현재 우리나라에는 모두 41개의 의과대학이 있다. 내가 의과대학에 다녔을 무렵에는 전국에 8개의 의과대학이 있었다는 점을 감안한다면 엄청난 증가이다. 확실히 과거에 비해 의사의 수는 많아지고 있다.

이렇듯 공급량이 넘쳐나면 한 곳에 몰려 있을 수 없게 된다. 의사들 스스로가 치열한 경쟁으로 인해 좁아지는 활동영역을 의식하지 않을 수 없기 때문이다. 따라서 조급히 서두르지 않아도 의사 인구는 전국적으로 넓게 분포되게 될 것이다. 정부가 무의촌 문제에 강한 책임감을 갖고 해결하겠다는 의지를 갖고 있다면, 의사들이 납득할 수 있는 안을 내놓아야 한다.

벽지에 개원하거나 근무하는 의사 또는 병원에 대해 세제상 최대한 우대를 하여 벽지의 의료 환경을 개선해 나가는 의지를 보이는 것도 해결책의 한 방편이 될 수 있을 것이다. 또한 공중 보건의 중 전문의 인력을 효율적으로 운용하면 벽지 병원의 인력 충원에 도움이 될 것이다.

지금 우리는 선진화를 부르짖으며 자율과 개방으로 달려 나가고 있다. 이러한 사회 분위기 속에서 단순한 법적 규제를 통해 의료

환경의 개선을 꿈꾸는 것은 근시안적 안목일 뿐이다. 새로운 세기를 살아가는 우리에게 의료제도와 의료정책은 어딘가 걸맞지 않다는 생각을 떨쳐 버릴 수가 없다. ✿

리더의 건강

대통령 선거는 5년간 이 나라를 이끌어 나갈 인물을 결정해야 하는 것이므로 국민들은 장고에 장고를 거듭하여도 지나치지 않다.

지난번 대통령 선거에는 다른 선거 때보다 부동표가 많을 것이라는 전망이 있었다. 이런 원인으로는 국민들이 정치지도자들에게 많이 실망했기 때문이라는 것이다. 우열의 판세가 확연하지 않으면 후보간에 서로 승리를 장담하고, 인기를 염두에 둔 공약들이 난무하는 양상이 강해진다.

언젠가의 대통령 선거는 여느 대통령 선거와 달리 유력 후보들이 모두 고령이어서 건강에 관한 이야기들이 많이 나왔던 것이 특징이었다. 정당마다 상대 정당 후보의 건강에 관해 서로 확인되지 않은 비방과 추측을 흘렸다. 안타까운 것은 이에 맞서서 정확한 의학적인 근거를 대면서 조목조목 따지는 해명을 한 정당은 드물었다는 것이다. 그저 막연히 '인신공격'으로 몰아붙이는 설전에만 매달렸을 뿐, 권위와 객관성을 지닌 의료기관 또는 의사의 진단 기록을 갖추고 국민들을 안심시킨 후보는 찾아보기 힘들었다.

우리는 병약한 왕이나 대통령이 몰고 오는 폐해를 역사에서 수없이 보아왔다. 리더의 건강은 반드시 육체적 건강만을 말하지 않음은 물론이다. 다시 말해 육체와 정신이 모두 건강해야만 현명한 리더가 될 수 있는 것이다.

마케도니아의 알렉산더 대왕은 30대의 약관에 천하를 점령했지만 병으로 요절했고, 이후 그의 왕국은 지리멸렬하게 분열되었다. 로마의 폭군 네로는 육체적으로 건강했지만 정신적으로는 미치광이와 다를 바 없어 로마를 불지르는 폭거를 서슴지 않았다. 이러한 예는 우리나라 역사에서도 어렵지 않게 찾아볼 수 있다.

단종의 아버지인 문종이 병약하여 결국 나이 어린 단종에게 왕위를 잇게 함으로써 결국 단종애사라는 비극을 잉태했고, 연산군의 정신적인 결함으로 인한 폭정은 백성들을 짓누르는 결과를 가져 왔다. 청나라에 인질로 잡혀 있다 귀국, 절치부심으로 북벌의 웅대한 꿈을 준비했던 효종은 중국 땅으로 군사를 출병시키기 전에 병사하고 말았다. 효종이 매우 건강해서 계획대로 청나라를 공격했다면, 우리나라의 역사는 어떻게 바뀌었을지 모를 일이었다.

얼마 전, 미국 부시 대통령이 '프레첼'이라는 과자를 먹다가 질식을 일으켜 쓰러졌다는 기사가 세계 각국의 신문과 방송을 장식한 일이 있다.

부시 대통령은 졸도하면서 테이블에 부딪쳐 얼굴까지 다쳤다. 그의 붉게 멍든 얼굴은 세계 초강국의 리더라는 위치와는 전혀 어울리지 않는 것이었다. 세계의 언론들은 현재 부시 대통령의 아버지인 부시 전前 대통령이 현직 대통령 시절 일본을 방문했다가 국빈 만찬 도중에 음식을 토하며 3분간 의식을 잃었던 사건을 언급했다.

당시 부시 대통령이 재선에 실패한 이유는 건강한 대통령을 염원하는 국민들로부터 인기를 잃은 탓이라고 분석될 만큼, 졸도 사건의 여파는 컸다. 언론은 부자간의 체질이 닮았다고 지적하며, 부시 대통령에 대한 건강 상태에 은근한 의심의 눈초리를 보냈다.

정치적 리더의 능력이 아무리 뛰어나다 할지라도, 그 뜻을 완전히 이룰 수 있도록 건강이 뒷받침되지 못한다면 사상누각과 같다.

이렇듯 정치적 리더의 건강이 중요함에도 불구하고, 우리나라 정치가들은 스스로 건강에 대해 "나는 선천적으로 건강 체질이고, 이제까지 크게 앓아 본 적이 없다"는 식의 호언장담들만 늘어놓고 있다. 이러한 현상은 비단 후보 자신들만의 책임이라 할 수 없고 우리 사회의 무관심 때문이기도 하다. 이제부터라도 후보자의 경력에 객관성이 있는 건강진단을 덧붙여 귀중한 한 표를 행사하는 데 기준이 되었으면 한다. ✿

사진

'필요는 발명의 어머니'라는 격언이 있다. 사람들은 좀 더 나은 생활을 영위하기 위하여 끊임없이 노력하면서 온갖 지혜를 짜내어 수많은 발명품들을 창출해 왔다. 유사 이래 인류가 발명한 작품 중에서 가장 신기하고 유용한 발명품이 무엇인가는 각자 주관에 따라 다를 것이다.

어떤 이는 인간을 새처럼 날아다니게 만든 비행기를 꼽을 것이고, 다른 이는 걷거나 말을 이용하게 되면 며칠씩 걸릴 거리를 단숨에, 몇 시간 만에 달려 버리는 자동차를 예로 들 것이다. 우리 인류는 정말 위대한 발명품을 많이 가지고 있다.

이들 발명품들로 인하여 오늘날 우리는 그야말로 첨단의 기구들을 이용함으로써 생활의 윤택함을 구가하고 있다.

자동차, 비행기 말고도 전기나 전화, 그리고 컴퓨터 등등이 바로 이 시대의 위대한 발명품들이다. 또한 사진기 즉 카메라나 오디오, 비디오들도 우리의 생활을 윤택하고 편리하게 해주는 것들이다.

특히 사진은 우리가 머릿속에 기억으로만 남겨 둘 경우에 시간이 지나면 점차 잊혀져 버릴 추억거리를 시간과 장소를 초월하여 확실하게 저장해 주고 언제든 다시 꺼내 볼 수 있게 해주는 역할을 함으로써 우리의 삶의 질을 상승시켜 주는 신기한 발명품이다. 과학적 원리에 완전히 무지한 상황에서 생각하여 보면 사진이 얼마나 신기한 발명품일까 새삼 신기하기만 하다.

어떤 계기에서 처음 사진을 발명하게 되었는지는 잘 모르지만 빛의 반사를 이용하여 명암과 색채를 필름에 기억시켜 현상인화가 되는 과정을 생각해 낸 두뇌야말로 천재적이라 아니할 수 없다.

이러한 메커니즘을 이해할 수 없어서 사진기를 처음 본 회교도들이나 아프리카 원주민들을 그들의 혼을 빼앗아 가는 악마의 저주가 담긴 기계로 알고서 숱한 선각자들의 생명까지 빼앗기도 했다.

사람이 나이가 들어가면 자꾸 어린 시절로 돌아가는 것이 자연의 섭리인지, 노년층들을 보면 이러한 현상들이 자주 나타난다.

우리가 소위 노망이라 부르는 현상도 기실 알고 보면 철없는 어린아이들의 몸짓이나 마음 씀씀이와 같다면 이야기의 비약일까. 좌우지간 노인들에게는 과거의 회상 속에서 없어서는 안 될 필수적인 것이 학창시절이나 본인이 한창 연부역강 할 때의 사진들을 모아 둔 앨범일 것이다.

　나에게도 어린 시절의 앨범들이 이제는 빛 바랜 채로 고즈넉이 쌓여 있다.

　백일사진이나 돐 사진은 한국전란 시절의 어려운 때인지라 찍지 못하였지만 코흘리개 시절의 단편을 지금도 찾아볼 수 있고 까까중머리 중고등학교 시절의 편린도 아직 뜨거운 입김을 한 모퉁이에 토하며 자리잡고 있다.

　공부에 찌들었으면서도 호기를 부리며 낭만을 구가하던 대학시절의 모습도 가까운 거리에서 마냥 손짓하고 있다.

　모두 보물처럼 하나도 버리기 아까운 사진들인데 점점 시간이 지날수록 바래 가는 것이 안타깝다. 이들 사진 중에서 아내가 아끼는 터라 우리 침대맡에 확대해 모셔둔 사진이 한 장 있다.

　신혼 여행 때 찍은 사진인데 해운대에서 둘이서 손을 잡고 바다 저 멀리 수평선을 바라보는 자세로 걸어가는 모습을 스냅으로 잡은 것이다. 아내의 고단수 작전일지 모르지만 이따금 있는 부부간의 감정의 충돌을 녹여 주는 데 그 사진은 효과만점의 역할을 하고 있다. 서로 의견충돌이 생겨 며칠 동안 싸움을 하다가도 이 사진에 눈길이 가면 한창 격앙되었던 감정이 이상하리만치 서서히 가라앉음을 어떻게 설명하여야 할까.

　거의 30여년쯤 전 그 시절은 서로를 아끼는 마음이 충만했고 미래에 대한 희망으로 가득 차 있던 신혼이 아니었던가. 신혼 시절을 회고할 때면 그 동안 바쁘게 살면서 일상의 찌든 그림자들로 인하여 격앙되었던 감정들이 물거품처럼 사그라진다. 마치 영화 〈Back to the Future〉에 나오는 타임머신을 탄 것처럼 이 사진은 시간과 공간을 초월하여 막강한 위력을 발휘해 준다. 우리 부부는 이 사진의 빛이 바래지 말고 항상 생생하게 걸려 있어 주기를 바랄 뿐이다. ✿

매스컴과 의사

현대 문명의 총아는 바보상자라 불리는 텔레비전이다.

텔레비전의 위력은 시간이 갈수록 가히 폭발적이라 할 만한데, 특히 건강과 관련하여 텔레비전을 포함한 매스컴의 위력은 대단하다. 언젠가는 모 방송국의 특집 다큐멘터리에서 육류의 문제점을 지적하면서 채식 위주의 식사가 한국인의 건강에 맞는다고 설파하자, 채소류의 값이 급격하게 폭등했다.

인기 연속극의 주인공이 자궁암에 걸려 신음할 때에는 전국의 산부인과가 자궁암 검사를 원하는 환자들로 인산인해를 이루기도 한다. 텔레비전의 막강한 영향력은 동시에 수많은 사람들에게 정보를 줄 수 있다는 점에 기인하는 것이다.

이러한 점에서 본다면 '사회의 목탁' 또는 '제4의 권부權府'라 불리었던 신문도 예외는 아니다. 수많은 독자들에게 강력한 영향력을 행사할 수 있다는 점에서 신문은 텔레비전과 함께 대중 위에 군림하고 있다. 매스컴은 무명의 촌뜨기를 하루 아침에 일약 스타로 만들기도 하고 미국의 대통령도 하루아침에 위선자로 발가벗겨 역사의 뒷전으로 물러나게 하는 대단한 마력을 지니고 있다.

나폴레옹이 귀양가 있던 엘바섬을 탈출하여 재기를 위해 파리로 진군할 때 파리의 모든 신문들의 보도 태도는 지금도 많은 사람들에게 신문의 무책임성을 대표하는 예로서 회자되고 있다. 당시 신문들은 나폴레옹의 탈출을 하찮은 말썽꾸러기 병사 하나가 탈출한 것처럼 보도했다가, 점점 그 세력을 얻어 파리로 향해 올 때쯤에는 그를 장군으로 취급했고, 마침내 파리에 입성하기 직전에는 그를 구국의 영웅으로 보도했다고 한다. 매스컴의 이러한 태도는 의료에 관해서도 예외가 아니다.

어떤 의사가 어떤 병에 대하여 탁월한 치료 능력이 있고 없는 것이 그 의사가 소위 매스컴을 타는(?) 의사인가 아닌가에 의해 결정되는 경향이 있음은 부인할 수 없는 현실이다. 신문기사에 한 번 이름이 실리면 당분간 그 의사는 정상적인 생활이 불가능할 정도로 엄청난 환자와 문의전화에 시달리게 된다. 의료에 대한 매스컴의 보도량이 많아지는 것은 의료분야 역시 사회성을 지니고 있음을 뜻한다.

즉, 의료가 의사나 간호사 등 의료업계에 종사하는 직업인들의 독점인 시대는 지났다는 것이다.

사회는 의료와 의사에 관한 정보나 평가를 의료인의 잣대가 아닌 자신들의 잣대로 재기 시작했다. 신문과 방송에서 때마다 우리나라 주요 질병에 관한 종합병원 순위 평가를 내거나 질환별 '믿을 만한 병원과 의사(?)'라고 소개한 예가 그러한 경향을 대변해주는 예다. 매스컴이 여론을 불러 일으킬 수 있는 막강한 힘을 지니고 있는 것은 분명한 사실이다.

그런 만큼 진실과 객관성에 바탕을 두지 않은 보도는 사회에 엄청난 오류를 안겨 주기도 한다. 오래 전부터 보편적으로 사용되었던 치료법을 아주 최근 특정인이 개발한 것처럼 왜곡하거나, 효과가 객관적으로 검증되지 못한 치료법을 아주 탁월한 효과가 있는 것처럼 보도하는 것이 바로 그러한 예다.

자신들이 대서특필한 치료법이 별로 효과가 없거나 아예 잘못된 치료법으로 판명날 경우, 매스컴의 태도는 어떠한가. 대부분이 슬며시 꼬리를 내리며 아주 조그만 기사로 정정보도를 내는 것으로 그친다.

이런 경우는 그나마도 다행이고, 아예 아무 소리 없이 지나가는 무책임한 경우도 많다. 매스컴은 사람들에게 엄청난 영향력을 발휘할 수 있다는 것 때문에, 현대사회에 또 하나의 권력으로 군림하고 있다. 따라서 매스컴에 요구되는 것은 그에 걸맞는 책임감과 도덕성이다.

매스컴이 자신의 권력을 특정인 또는 특정집단을 위해 사용하거나, 자신의 잇속을 챙기는 데만 급급하다면 사회가 어떻게 되겠는가, 권언權言유착이니 언론권력言論權力이니 하는 말들이 횡행하는 한 우리나라의 미래는 결코 밝을 수 없다. 이 땅의 언론인들은 바른 사회와 미래를 올바르게 투영해 보이는 것이 매스컴의 사명임을 잊지 말아야 할 것이다. ✿

건강한 내일을 위하여

　내가 청운의 꿈을 품고 모교의 문을 나선지 어언 30여년의 세월이 지났다.

　생각해보면 기나긴 세월이다. 강산이 세 번쯤 변하고 있는 시간이니 말이다. 노송대에서 학업을 연마하고 체력을 가다듬고 있던 학창시절에 비해 나와 친구들은 흘러간 세월만큼이나 변해 벌써 어떤 친구들은 반백이 되어있다.

　나 역시 예외는 아니어서 머리엔 흰 머리가 검은 머리보다 많아 보여 누가 보아도 초로의 길에 접어든 사내가 되어 버렸다. 그러나 마음만은 여전히 노송대(나의 모교)에서 뛰어놀던 그 시절의 젊음이 충만한 가슴이요, 산을 뽑아내고 세상을 뒤덮을 기력이라고 자부한다면 너무 과장된 표현일까?

하지만 어떤 사람을 이러한 기개마저 없다고 남들이 치부하여 버린다면 그 사람은 이세상에 존재하는 가치가 없을 것이라 하여 낙심천만일 것이요, 스스로 자기 신세가 얼마나 처량하게 여겨지겠는가?

세계보건기구의 정의에 의하면 건강이란 육체적, 정신적 그리고 사회적인 온전함을 말한다. 따라서 사람이 건강을 유지하려면 세 요소를 모두 충족시켜야 하니 그리 쉽지 않은 일로 보인다. 혹자는 육체적으로만 완전하다면 건강한 것으로 여길지 모르지만 정신적, 사회적으로도 건강해야 진정으로 건강한 사람이라고 할 수 있는 것이다. 이 삼박자를 모두 갖추기는 여간 어렵지 않지만, 그렇다고 해서 포기할 수는 없다. 우리가 항상 세상을 살아가는데 꼭 필요한 것이 건강이고, 이것이 없이는 아무리 출중한 재주와 학식을 가졌다 해도 소용이 없기 때문이다.

나는 주위에서 정말로 훌륭한 학식과 재주, 그리고 인품을 갖춘 사람들이 건강이 좋지 않아 일찍 쓰러져 가는 경우를 어렵지 않게 종종 본다. 우리나라의 40대 사망률이 세계에서 제일 높다는 사실은 모두 다 잘아는 사실이다. 이는 과도한 스트레스가 우리나라의 40대에 집중되기 때문이라는 해석이 있다. 우리나라의 40대는 한창 성장이 활발한 유년기와 학창시절을 6.25 전쟁과 비참하고 곤궁한 가난 속에 지냈고, 20~30대의 젊음을 70~80년대 경제개발에 바치고 살아온 세대이다. 그러나 오늘날의 젊은이들은 이러한 윗세대들의 지나온 발자취를 인정해주기는커녕 그들의 풍요로움이 스스로가 잘난 탓에 얻어진 줄 알고 있다.

가족과 사회를 위해 열심히 일하느라 다른 데 신경을 쓰지 못했던 탓에 가정에서는 못난 아빠요, 직장에서는 무능한 중간치기가 되어 있다. 이러한 세대간의 괴리감에서 오는 스트레스는 40대를 짓누르고 있다. 많은 의사들은 우리나라 40대가 정신적으로는 허탈감과 심리적인 패배감에 사로잡혀 있고, 육체적으로도 당뇨, 고혈압, 심장병, 만성간염, 암 같은 몹쓸 병에 포로가 되기 쉽다고 우려하고 있다. 우리나라 40대의 사망률이 높을 수 밖에 없는 것이다.

요즈음 건강에 대한 사회적인 관심이 높아 사상의학, 팔상의학 등의 체질에 관한 책들이 홍수를 이루고, 음식물과 특이한 건강관리법에 대한 강의들도 인산인해를 이루고 있다. 의사인 나의 관점에서 보면 문제가 많아 보이지만, 건강에 관한 관심 자체는 바람직하다고 할 수 있다.

병이 없는 건강한 생활을 위해서는 평소 적당한 운동과 무슨 일에나 무리하지 않고 사물을 낙관적으로 보며 항상 즐거운 마음을 가지려 노력해야 한다. 아랫배가 나폴레옹처럼 불쑥 튀어나와 바지를 새로 사입기 시작한 주제이지만, 다시 한 번 각오를 새롭게 하고 건강한 생활을 위한 수칙을 지키기로 마음 먹는다. 성경에도 '구하는 자만이 찾을 수 있다'고 했다. 건강은 그것을 지키기 위해 노력하는 자만이 얻을 수 있을 것이다. ✿

간단한 수술은 없다

수술실 앞은 항상 긴장과 눈물이 섞인 보호자들로 넘쳐난다. 큰 병은 큰 병대로 작은 병은 작은 병대로 그들에게는 그들이 사랑하는 가족 중 한 명이 수술을 하는 이 순간이야말로 일생에 있어 가장 초조하고 긴장되고 불안한 순간이 아닐까 한다.

수술대로 향하는 그 마지막 순간까지 환자는 보호자에게, 보호자들은 환자에게 "걱정하지 마라" "잘될거야. 힘내"라며 애정을 서로 나누기도 하며, 정작 말은 못한채 눈물로 인사를 대신 나누기도 한다.

가끔 어떤 보호자는 수술실로 들어가겠다고 떼를 쓰거나 수술 예정시간이 조금 경과해도 '수술이 잘못된 것 아니냐'며 항의를 한다든지, '수술이 잘됐다'는 말에도 안심하기 보다는 "잘못된 것 아니냐?"며 계속 의문을 나타내기도 한다. 물론 이런 극성스러운(?) 보호자들이 의사로서는 반가울리 없지만은 사랑하는 가족이 바로 이승과 저승의 경계에 서있는 상황이다 보니 백번 이해할 수 있는 광경이라 하겠다.

이런 보호자 못지 않게 수술실에 누워있는 환자들의 모습도 백인백색으로 다양하다. 물론 자신의 수술을 맡은 의사를 최대한 신뢰하고 지지를 보내는 환자가 메스를 잡는 외과의사들에게는 가장 힘이 되는 환자이지만, 거의 대다수의 환자는 수술대에 누워 있는 순간에도 불안감을 감추지 못한다. 간단한 수술일수록 이런 환자들을 더 많이 보게 된다.

심지어 어떤 환자는 "마취가 안깨는 경우가 있다면서요?" "수술 잘못해서 병이 더 커지면 어떻게 되지요?"하며 의사를 곤란하게 만들기도 한다. 이와 같은 이유는 바로 불신풍조에서 기인하는 것이다. 예전 무면허 의사나 수술 경험도 전무한 의사들이 마구잡이식 수술을 하면서 각종 의료사고가 발생했던 적도 있었다.

그러나 불치병으로 여겨지던 암을 이제는 정복하고 있다고 얘기되고 있는 현실을 감안해볼 때 우리나라의 의료기술 역시 놀라울 정도로 선진화되고 의사들의 수준 역시 많이 높아졌다. 물론 이같은 기술력의 발달이 의료사고의 발생률을 0%로 만든다고 한다면 그것은 거짓말이다.

사람의 생명을 다루는 일은 바로 인간이 하는 일이기 때문이다.

그러나 의료사고가 무섭다고 해서 병을 그대로 방치한다는 것은 말 그대로 가래로 막을 것을 호미로 막는 격이다. 자신이 신뢰할 수 있는 병원, 공신력 있는 의사를 선택하는 것이 가장 관건이라 하겠다.

나 역시 수술실 앞에 보호자 입장으로 서있었던 적이 있었다. 딸아이가 급성맹장염으로 수술을 하게 되었는데, 맹장수술이 다른 질병에 비해 간단한 수술인 것을 알고 있음에도 불구하고 마음은 계속 아려왔다.

거의 1시간 남짓 걸리던 수술이 그야말로 길게만 느껴졌고 종국에는 온갖 복잡한 심정으로 남몰래 눈물을 훔치게 되었다. 그제서야 나 역시 보호자의 심정을 한층 더 이해할 수 있었다. 아무리 간단한 수술이라 할지라도 수술을 받는 환자나 보호자에게는 간단한 수술은 없기 때문이다. ✿

의사는 있다

K형!

형이 고국을 떠난지 어언 30여년이란 세월이 흘렀습니다. 그동안 형의 소식은 어렴풋이나마 몇 차례 바람에 실린 풍문으로 들어 본 적은 있지만 직접 이렇게 펜을 들어 보기는 처음인가 봅니다.

형이 의과대학을 졸업하고 떠나던 1970년 무렵의 우리나라는 정치적으로는 유신이 선포되어 긴급조치가 발효되어 사회는 경직된 분위기였고, 경제는 아직도 후진국 수준을 못 벗어나 우리나라가 싫어 떠나는 이민행렬이 줄을 잇고 있었던 시기였습니다. 당시 의과대학생들에게는 ECFMG_{Educational Council Foreign Medical Graduates}라는 시험이 있어 미국으로 갈 수 있는 수단이 되었죠. 그래서 당시의 의과대학 졸업생들은 누구나가 한번쯤은 미국행을 결심하느냐 아니면 고국에서 잔류하느냐를 심각히 고민해 봤을 것입니다.

동기 중에도 5명 중 한명은 미국행을 했었는데, 저희보다 4~5년 선배들은 거의 두 명 중 한 명이 미국으로 갔을 정도이니까 이제와 생각해보니 아마도 저희가 졸업했을 무렵이 미국의 외국인 의사에 대한 문호가 좁아지고 있었던 시기였나 봅니다.

당시 미국이라는 나라는 한국인들에게는 은인의 나라로, 선망의 대상이었고 지상낙원으로 보여지던 시절이었습니다.

미국에서의 의사생활 역시 사회적으로 대우가 가장 좋고 경제적으로도 부유한 생활을 영위할 수 있다고 알려져 있었습니다.

형은 대학병원의 인턴과 레지던트 자리가 보장된 우수한 실력의 소유자이면서도 보다 큰 꿈을 꾸고 미국행을 결심했다고 들었습니다.

트렁크에 해적복사판 세실과 크리스토퍼 교과서 등 몇 권의 책과 옷가지를 챙겨들고 홀홀단신 이국땅에 내려서던 형의 막막하고 두려운 심정을 겪어보지 않은 다른 사람들은 이해하기 힘들 것입니다. 그때 형의 수중에는 몇 백불의 현금밖에 없었다고 하더군요. 그런 형이 이제는 어엿한 중견을 지나 원로의사로 활동하게 되었고, 수영장과 테니스장이 딸린 대저택에서 행복하게 지내고 있다는 소식을 듣고 부러워하는 사람들이 많더군요.

하지만 형이 머나먼 이국땅에서 흘린 남모르는 땀과 눈물을 다른 사람들은 미처 알지 못하면서 현재의 형의 위치만을 탐내는 부질

없는 말들이 아닌지 모르겠습니다. 미국 내에서도 이웃사람들로부터 형과 같은 외국인들이 이민 당대에 훌륭하게 정착하는 것을 보고 시샘이 많다고 들었습니다. 그렇지만 그들도 만일 형과 같은 영어도 서툴렀던 동양 후진국의 외국인 의사가 아무도 도와주지 않는 고립무원의 상황에서 인턴, 레지던트 과정을 미국인 의사들보다 우수하게 마칠 수 있었던 피눈물나는 사연들을 이해하게 된다면 그런 말들이 나올 수 없을 것이니 개의치 마십시오.

형이 떠나던 1970년대 초에 한국은 후진국 수준이었지만 의사들에게는 그래도 그 시절이 현재보다는 낫다고 향수 섞인 푸념을 늘어놓는 동료들이 많습니다. 지금 우리나라의 의료 현실은 많은 문제점을 가지고 있습니다. 얼마 전 TV에서 동네병원에 대해 심층보도한 프로그램을 보았습니다.

수술을 할 수 있는 동네 병원이 갈수록 없어지고 있는 이유에 대한 것이었습니다. 수술을 하고 입원실을 운영하기에는 의료보험의 수가가 터무니없이 낮아 동네병원들이 입원실을 없애버리거나 아예 폐업을 하기 때문이랍니다.

다시 말해 동네 병원이 없어지면서 대형 종합병원으로 몰려 종합병원의 응급실에서는 땅바닥에 환자들을 눕힐 정도로 환자가 밀려든다는 것입니다. 이뿐만이 아닙니다. 인턴들이 레지던트를 시작하면서 전문과목을 택할 때 기피하는 3D과목이 있다는 사실을 아시는지요? 3D라는 말은 더럽고dirty 어렵고difficult 위험한dangerous 직종을 말하는데, 의학과목 중에도 3D가 있다는 말에 놀라셨죠.

대표적으로 환자의 생명과 많이 관련되는 외과나 심장을 수술하는 흉부외과 같은 과목이 3D과목으로 꼽히고 있는데 인기가 없어서 정원미달사태를 보이고 있습니다. 그에 반해서 응급환자가 적고 의료 수가가 좋은 마이너 과목 즉 피부과, 성형외과, 안과, 이비인후과 등이 인기가 아주 높아 우수한 인재들이 몰리고 있습니다. 유명한 의사는 3년 동안이나 예약이 밀려 명의중의 명의로 치부되질 않나, 우수한 인재들이 의료보험 해당이 적어 상대적으로 수입이 좋은 한의학이나 위험부담이 적은 마이너 과목 또는 서비스과목으로 몰려드는 염려스러운 상황이 벌어지고 있습니다.

이제 우리나라에는 진정한 의사가 없나 봅니다. 왜냐하면 옛날 행림杏林의 의사들은 환자들에게서 받은 치료의 대가로 살구나무 숲을 만들었다는데 그들은 먹고 사는 문제는 마음을 쓰지 않아도 되었다고 전해 내려오고 있습니다.

그들은 오로지 환자의 치료에만 전력을 쏟았을 뿐 치료비에 신경을 쓰지 않았다는 사실에서 오늘의 현실과는 많은 차이가 있음을 느끼기 때문입니다. 오늘의 의사들은 처자들을 먹여 살려야 되고 병원 경영을 염두에 두고 치료를 하여야 되니 참 의술은 진정 어려운 구도求道의 경지에서나 얻어질 일이 아닐까요? 이러한 현실은 의사들을 가리켜 "의술은 인술仁術"이라는 말마저, 많이 참아야 한다는 뜻 인술忍術로 받아들여지게 하고 있습니다.

형!

　항상 고국을 사랑하고 걱정해주는 형에게 몇 십년만에 편지를 쓰면서 어두운 이야기만 쓴 것같아 죄송하기 이를데 없군요. 그렇지만 모두 어두운 이야기만 있는 것이 아닙니다. 세상 이치는 한쪽이 비게 되면 한쪽이 채워지는 모래시계와 같은 것일테니까요. 어려움 속에서도 꾸준히 3D과목을 택하는 사명감을 가진 젊은 의사들이 있고 강아지 주사값의 1/10 값으로도 밤새 응급환자를 묵묵히 치료하고 있는 의사들이 많이 있다는 사실도 전해 드리고 싶습니다. 이러한 의사들이 있기 때문에 진정 우리에게 의사는 없다가 아니고 "의사는 있다"로 결론이 내려질 수 있으리라 확신해 봅니다.

　K형! 다음에는 두루 기쁜 소식을 전해드릴 수 있길 바라면서 이만 줄이겠습니다. 안녕히 계십시오. ✿

4부

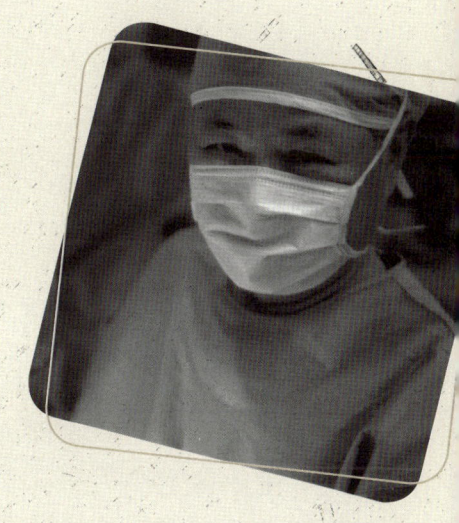

의사의 꿈

살기 위해서 먹는가?

만일 당신이 '살기 위해서 먹는가? 먹기 위해서 사는가?'라는 질문을 받는다면 어떻게 대답하겠는가? 대부분의 사람들은 살기 위해서 먹는다고 생각하겠지만 사실 곰곰 따져보면 사람이 먹기 위해 살 수밖에 없다는 점도 부인할 수가 없을 것이다. 그래서 그런지 우리나라 사람들은 음식에 대해 예부터 관심이 많았다.

따라서 건강과 음식간의 관계에 대해서도 관심이 높아 건강식이다, 보양식이다 또 스테미너 식이다 하여 유난히 별의별 음식들이 개발되어 있다. 또 어떤 병에는 어떤 음식이 좋고 어떤 음식은 나쁘다는 속설들이 많지만 의학적으로 증명되지 않은 것들이 많은 것도 사실이다.

몇 년 전에 필자는 유방암세포를 배양하여 마늘의 항암효과를 실험해 본 적이 있었다. 마늘은 콜레스테롤을 낮춰줌으로 고혈압이나 뇌졸중 예방에 좋고 또한 항암효과도 있다고 알려져 왔다. 그러나 이러한 속설을 실험과학을 통하여 객관적으로 증명한다는 것이 쉬운 일은 아니다. 즉 세포배양에서 효과가 있다 하더라도 동물실험을 통하여 증명하여야하고 동물들에 효과가 있었어도 사람에게 효과가 있는지는 또 별개의 문제이다.

마늘이 유방암세포의 성장을 억제하는 효과가 있다고 실험에서 증명되었다는 결과가 신문지상에 보도되자 유방암 환자들에게서 마늘을 얼마나 먹어야 좋은지, 생마늘이 좋은지, 구운 마늘이 좋은지 하는 문의가 많았다. 이제 막 실험실에서 마늘의 효능이 유방암에 효과가 있을 수 있다는 실마리가 풀리기 시작한 단계일 뿐 앞으로 풀어야 할 숙제들이 많은 데도 말이다.

암의 원인으로는 유전적인 요인과 식생활, 흡연, 공해같은 생활습관이나 환경적 요인, 감염, 방사선, 호르몬 등을 들 수 있지만 그 중 식생활이 암 발생 원인의 3분의 1을 차지하는 것으로 알려져 있다. 우리 몸의 정상세포에 있는 유전자가 발암물질이나 음식물, 활성산소에 의해 손상 받으면 돌연변이가 일어나며 유전자에 이상이 생긴 세포는 발암촉진물질의 영향을 받아 결국 암으로 발전하게 된다.

신체의 정상세포가 비정상으로 분열 증식해 만들어진 비정상적인 세포의 덩어리가 바로 암이다. 종류는 100여가지나 된다. 이것을 먹으면 암에 걸린다, 혹은 저것을 먹으면 암에 걸리지 않는다는 말들을 우리 주위에서 쉽게 들을 수 있다. 지금까지 아무런 문제없이 우리 식탁에 오르내리던 식품이 갑자기 발암성 식품으로 지적되는 일도 종종 있다. 도대체 무엇을 믿어야 좋을지 종잡을 수 없을 지경이다. 과연 음식물이 암을 방지하거나 치료할 수 있을까?

짜고 매운 음식을 오랫동안 섭취하면 위암에 걸릴 확률이 높다. 또 지방분이 많은 음식을 계속 먹으면 대장암이나 유방암에 잘 걸릴 수 있다고 알려져 있다. 그렇다고 짜고 매운 것이나 지방분이 많은 음식을 먹는 사람 모두가 암에 걸리는가? 그건 아니다.

식습관이 그러해도 건강하게 사는 사람들이 많다. 또한 짜고 매운 것을 절대 먹지 않는다고 해서 암에 과연 걸리지 않는가? 그것 역시 단언할 수 없다. 현대의학의 수준에서는 최소한 덜 짜고 덜 매운 음식, 지방이 적은 음식을 먹는게 암을 예방하는데 도움이 된다는 사실정도만이 확인가능할 뿐이다. 또 발암성 식품이라 하는 것들 중에서도 연구가 진전되면서 다른 식품과 섞어 먹으면 발암 가능성이 희박해지는 경우가 있다. 그러므로 발암성이 있는 식품이라고 해서 절대로 먹지 않아야 된다는 것은 지나친 생각이라 할 수 있다.

예를 들면 고사리나 구운 생선이 발암성 식품이라는 것은 동물실험 결과에서 밝혀진 사실이다. 그러나 그것은 어디까지나 동물실험에 의한 것으로서 사람의 식생활에 적용시키면 이야기는 달라질 수 있다. 고사리를 먹고 암에 걸리려면 하루에 350그램의 고사리를 몇십년 동안이나 계속 먹어야한다.

고사리를 매일 먹는 사람은 거의 없을 것이며 350그램은 상당히 많은 양이다. 따라서 고사리에 발암성이 있다는 것은 사실이지만 우리 식생활에서 고사리를 직접 암과 결부시키는 것은 무리일 수 밖에 없다. 즉 정상적인 식생활을 하고 있는 한 고사리에 대한 발암성 여부는 걱정할 필요가 없다는 것이다. 구운 생선의 경우도 마찬가지이다.

구운 생선이 인간의 몸에 암을 유발시키려면 보통 상태로 구운 생선을 2만배 농축시켜 1년간 매일 먹어야한다. 따라서 구운 생선을 좋아하여 식사때 마다 먹는다 해도 그것의 발암성 여부에 신경을 곤두세울 필요는 없다고 본다. 알칼리 식품이다, 산성식품이다 하면서 마치 그것들을 먹으면 암이 완전히 치료되는 것처럼 과대 선전을 하는 경우가 있는데 현재로서는 암 그 자체에 대해서조차 잘 알고 있지 못하기 때문에 당연히 암을 치료하는 특정식품은 있을 수 없다.

또 암이라는 것이 복합적인 원인에 의해 발병하는 것이기에 단순히 한가지 식품으로 암을 다스린다는 것이 가능하지도 않다. 암에 효과가 있다고 알려진 식품들은 우리 몸이 암과 싸워 나갈 수 있도록 도와주는 역할을 한다고 하는 것이 정확할 것이다.

결국 각자가 좋아하는 음식, 항암식품이라고 알려진 것을 과다하지 않고 다양하게 먹어 영양을 골고루 섭취하는 것이 암을 예방하는 길이 아닌가한다.

한가지 음식을 매일 먹지 말고 편식을 삼가고 될 수 있는 한 다양한 종류의 많은 식품을 골고루 들며 좋아하는 음식이라도 적당히 먹는 '중용'의 정신이야말로 가장 소중한 '항암음식'이라는 점을 강조하고 싶다.

껍질 외과의사의 향수

나는 가끔 내과와 외과의 차이를 아는 사람들이 그리 많지 않다는 점에 놀랄 때가 많다.

얼마전 의예과생들을 만날 기회가 있어 그들에게 넌지시 내과와 외과의 차이를 아는가고 물었더니만 의사지망생인 그들마저도 명확하게 모르는 것같아 안타까웠던 적이 있었다. 사람들이 피부와 같은 겉을 치료하는 과목을 외과라고 알고 있고 내과는 심장이나 창자같은 내부기관을 다루는 과목으로 알고 있는 경우가 의외로 많다.

이렇게 되면 피부과가 외과가 되고 비뇨기과가 내과가 되어 버린다. 의학 사전에 의하면 내과와 외과의 구별은 다루는 기관에 따른 구분이 아니고 치료방법에 따라 수술적 방법에 의한 치료수단을 사용하는 진료과목이 외과가 되고 내복약에 의한 치료가 주로 이루어지는 과목이 내과가 된다.

그러나 요즈음에는 이러한 구분이 명확하게 되질 않고 소화기내과의 경우에는 내시경으로 폴립을 제거한다든지 담석을 내시경으로 뽑아내는 등 일종의 수술을 많이 하므로 내과, 외과의 구분이 모호해져 버렸다. 심지어는 방사선과(요즈음은 영상의학과로 개명)마저도 중재적인 방법을 써서 외과적인 수술을 영상하에서 많이 시행하므로써 전통적인 외과의사의 자리가 많이 침식당해 있는 실정이다. 여하튼 현대는 질병을 다루는데 전문적인 영역싸움보다 팀으로서 접근하는 시대이니 만큼 이러한 추세는 더욱 유행되어 갈 것같이 보인다.

나는 주 전공과목이 유방수술과 갑상선수술을 다루는 유방내분비외과이므로 'surface surgeon' 표면 , 다른 말로 표현하면 껍질만 다루는 외과의사가 되어 버렸다. 왜냐하면 유방이나 갑상선은 복부장기와는 달리 모두 겉에서 다룰 수 있는 surface organ---껍질에 있는 장기이기 때문이다. 껍질외과의사로서 어언 20년의 세월이 흘러 버렸지만 수련의 시절과 외과 전문의로서 초년 시절에는 위나 대장, 간 수술등을 연마하느라 많은 시간을 수술실에서 보낸 적도 있었다.

20여 년전 수술한 위암환자가 건강한 모습으로 어쩌다 외래에 들리기도 하고 사경을 몇 번이나 넘겼던 간내 담석증 환자가 반갑게 인사하며 진찰실에 들어 올때도 있다. 이럴때면 그들은 항상 나에게 던지는 질문이 있다.

"선생님, 요즈음은 위나 간수술은 안하시나요?"하고 말이다. 이러한 질문을 받으면 아련한 추억속 젊은 시절에 대한 향수에 젖어 들곤 한다. 외과의사의 일생은 맹장수술을 하고부터 초집도식이라는 의식을 마치고 나서야 칼잡이로서의 인생이 시작된다. 맹장이 표면에 있는 장기는 아닌데도 외과의사의 기본으로 맹장 수술을 꼽는 이유는 그만큼 복부수술의 연마가 외과의사의 기본소양에 있어 중요하기 때문이다.

따라서 요즈음 껍질 외과 의사 노릇만 하고 있는 필자에게는 외과의사의 고향인 뱃속의 맹장수술이나 위 수술에 대한 향수가 아련하다. 그러나 이렇게 글을 쓰고 있자니 필자의 귀속에 이러한 속삭임이 들리는 것같다. "임마, 다른 생각 말고 네가 맡고 있는 껍질 외과 의사 노릇이나 제대로 잘 해!" ✿

나이듦에 대하여

사람의 수명은 과연 얼마까지 연장이 가능할까? 과거 120세정도가 가능하다는 설이 있는 가운데 요즈음 웰빙에 대한 관심이 높아지고 장수의학에 대한 연구가 활발해지면서 실제 122세의 나이로 타계한 프랑스의 장 칼망 할머니가 최장수 기록으로 보고되고 있다.

최근에는 150세도 가능하다는 이야기까지 나오고 있으니 인간의 능력은 가히 끝이 없어 보인다. 사람의 뇌와 지능을 대신하는 컴퓨터가 나온지 오래되어 이제 인류는 컴퓨터 없이는 지구의 모든 시스템이 혼란에 빠져 5분도 버티기 어려운 처지에 있게 되었다. 의학에는 컴퓨터로 조작되는 로봇이 수술을 할 수 있게 되었으며 인공장기들이 개발되어 사람의 몸을 대신하기도하고 이식술이 발전하여 거의 모든 장기들에 남의 장기들을 옮겨와 생명연장이 가능한 시대에 우리는 살고 있다. 거기에서 더 나아가 복제양이 나오고 줄기세포에 대한 연구가 활발해지면서 과학의 힘은 무한할 것같이 보여진다.

그렇다면 인간의 능력은 자연보다 우위에 있다는 말일까? 아니다. 그건 확실히 아니다. 그 실례가 얼마전 동남아 지역에서 일어난 쓰나미같은 경우가 대표적인 예같아 보인다. 불과 몇시간 아니 몇분 앞에 일어날 크나큰 재앙을 예측하지 못한 채 한가로이 해변가를 걷다가 엄청난 피해를 입는 보잘것없는 인간의 능력에 비해 자연의 힘은 가히 상상조차 할 수 없을 정도의 힘과 능력을 가지고 있는 것이다. 인간이 자연을 거스르려할 때 자연은 항상 큰 교훈을 인간에게 안겨 주곤 한다. 자연의 위대함에 비해 인간의 능력은 왜소하기 이를 데 없음에도 불구하고 인간들은 자주 이러한 사실을 망각하고 자연을 거스르려고 한다.

고금을 통하여 수많은 영웅호걸들이 세상을 정복하고 불로장수를 꾀하려 얼마나 많은 노력을 기울여 왔던가? 하지만 모두 허사였던 것을 역사는 보여 주고 있다. 진시황의 불로초에 대한 이야기가 그렇고 이집트의 피라미드가 그러한 인간들의 노력의 잔재들이 아닌가한다. 인간의 수명연장 또는 영생을 위한 노력을 이러한 자연법칙을 거스르려는 부질없고 어리석은 몸짓으로 치부해버린다면 과연 나만의 편견이라 할 수 있을까?

요즈음 나는 우울하다. 우울증도 전염성이 있다는 말이 들리던데 누구로부터 옮은 것은 아닌 것같지만 여하튼 우울하다. 왜냐하면 마음은 항상 삼사십대인 것 같은데 거울에 비치는 나의 얼굴에서는 늘어난 주름살과 반백의 머리칼같은 세월의 흔적들을 느낄 수 밖에 없기 때문이다. 나이가 들어가면서 제일 먼저 오는 변화는 치과 문제인 것 같다. 생전 치과신세를 지지 않았던 치아들이 흔들리고 아프고 하여 이젠 치과의 단골환자가 되어버렸다.

그러는 중에 시력이 1.5정도로 몇십년 유지 되어 눈에는 자신이 있던 나에게 어느날 부터인가 주위가 침침해져 자꾸 눈을 비벼대고 하다가 안과에 가보니 노안이 왔다고 했다. 그렇게 시력이 좋아 안경이라고는 선 그라스 밖에 모르던 내가 이제 두툼한 돋보기를 써야 하는 신세가 되어 버렸다. 머리는 삼십대부터 새치가 있어서인지 항상 흰머리가 아니고 새치라고 우겨오다가 이제는 거의 백발이 머리를 휘감아 버려 꼼짝없이 백발임을 인정하고 염색을 열심히 하기 시작한지도 오년이 넘었다.

사십대를 넘으면서 나오기 시작한 배는 이제 인격의 상징이라고 주장하기에는 쑥스럽게스리 남산만하게 불룩 솟아나와 영웅 나폴레옹의 배는 저리가라하고 있으니 정말 내가 봐도 한심하기 짝이 없는 몰골이 되었다. 또한 기억력은 어떠한가? 사람이름이나 숫자를 금방 생각날 듯 말 듯 머릿속에서 맴돌기만하고 더듬거릴 때가 자주 있곤하니 답답하지만 세월을 탓할 수 밖에 없다. 아니다. 세월을 탓하기 보다는 그것이 자연의 법칙이고 생로병사라는 길을 걸어야하는 인간의 운명이므로 순응하고 빨리 빨리 적응하여야 할 것이다. 그래야 마음이 편안할 것이고 건강도 유지 되리라 생각한다. 즐거운 노년을 준비하는 마음의 자세가 이제 나에게 절실히 필요한때라 여겨진다. 누군가가 인생은 회갑인 60부터라고 하였지 않은가 말이다.

인생은 60부터라는 말은 그만큼 인생의 재미와 이치를 알려면 60을 산 다음에야 비로소 인생의 의미와 묘미를 터득할 수 있다는 뜻일 것이다. 그래도 아직 나에겐 우리나라 평균 수명을 누리려면 몇 년이 더 남아 있으니 인생을 더욱 즐길 수 있는 여유가 있는 셈이 아닐까?

얼마전 읽은 브라질의 작가인 파올로 코엘료가 쓴 연금술사라는 책에서 보았던 주인공인 양치기 산티아고가 보물을 찾아 떠나는 길에 만난 연금술사가 산티아고에게 한 말 즉 '자아의 신화를 이루어내는 것이야말로 이세상 모든 사람에게 부과된 유일한 의무지. 자네가 무언가를 간절히 원할 때 온 우주는 자네의 소망이 실현되도록 도와준다네" 라는 말이 떠오른다.

우리에게는 각자 인생을 사는 목적이 있고 그목적이 각자의 찾아내어야 할 보물이 될 것이며 간절히 무엇인가를 원하고 노력하면 모든 주위사람들이 여건이 성사되도록 도와줄 것이다라는 평범하면서도 오묘한 진리를 그 책은 말해 주고 있었다.

과연 누군가가 나에게 인생을 어떤 목표를 가지고 살았나 하고 물어본다면 자신있게 대답을 할 수 있을 것같지 않다. 그런 면에서 그동안 살아온 길이 부끄럽기도 하고 허무하기도 하다는 생각이 든다. 그렇지만 나에게는 아직 건강이 있다. 인생의 뜻을 이루려면 항상 뒷받침이 되어야 하는 것은 건강일 것이다. 건강을 잃으면 아무리 재주가 출중한 천재도 그 능력을 발휘할 수 없고 용맹스러운 영웅도 그 뜻을 펼수가 없음을 우리는 잘 알고 있다. 이제 나도 벌써 세월의 상처들이 몸에 새겨지기 시작하고 있음에 더욱 건강에 노력을 기울여야 할 것같다.

요즘 느끼는 것은 평소에 수술을 직업으로 하는 외과의사인 관계로 수술실에서 움직이는 양만으로도 운동량이 충분하지 않을까 기대했던게 오산이라는 점이다. 꾸준한 운동과 흡연, 과다한 음주, 비만같은 나쁜 습관을 피하고 낙관적인 사고를 갖고 생활하는 것이 장수와 건강의 비결일 것이다. 내일부터라도 이리 핑계 저리 핑계 게으름으로 평소 바라보기만 하던 아파트앞의 천변을 걸어봐야겠다.

며칠전 벌써 개나리가 노랗게 긴터널을 이루고 있다고 아내가 아침에 귀뜸해주었던 일이 생각난다. 그래 내일 아침엔 다른때보다 일찍 일어나 산책을 하며 오랜만에 사색도 해보고 봄도 감상하면서 건강도 챙겨봐야지…

건강한 의사

　세계보건기구의 정의에 의하면 건강하다는 것은 육체적, 정신적 뿐 아니라 사회적으로 온전함을 일컫는다. 비록 육체적으로 튼튼하다고 하여도 정신적으로 황폐하여 있다면 건강한 사람이 아님은 이해가 가는 일이다. 하지만 사회적으로도 건강하여야 비로소 건강한 사람이라 할 수 있으니 생각하기 따라 건강함이야말로 무척 어려운 일 일 수 있겠다고 여겨진다.
　왜냐하면 복잡다난한 세상인지라 경제적으로 곤경에 처해져도 건강함이 아니고 직장에 적응을 잘 못하고 있어도 병적인 상황으로 간주 될 수 있기 때문이다. 담배나 술같은 기호품에 중독되어 있는 사람도 사회적으로는 질병에 속한다고 말한다면 애연가나 애주가들로부터 비난을 받기 십상일 것이다. 그렇지만 필자가 건강을 위하여 남들에게 자랑할만한 일은 20대부터 즐겨 피우던 담배를 지금부터 10여년전에 끊었다는 사실이다.

담배는 잘 알다시피 폐암의 원인이고 후두암과 호흡기, 순환기 질환과도 관련이 있는 것으로 알려져 있다. 그러나 많은 사람들이 이러한 담배의 유해성을 알면서도 쉽게 끊지 못하고 있다. 이는 흡연행위가 단순한 버릇이 아니고 니코틴이라는 습관성 약물에 의한 중독 증상이기 때문이다. 혹자는 담배 양을 줄여가며 순차적으로 끊어 보려 하지만 이러한 방법은 성공하기 어렵다.

필자의 경험에 의하면 금연하기로 결심이 서면 그 순간부터 완전히 끊어 버리는 방법을 택하는 것이 성공의 비결이라고 생각한다. 필자가 금연을 결심하게 된 동기는 의사로서 환자들에게 담배가 건강에 좋지 않으니 끊으시라 권하면서 나는 담배를 핀다는 것이 비양심적이라는 자각이 들어서 였는데 그러던차에 감기에 심하게 걸려 목이 많이 아팠다. 그로인해 담배맛이 없게되어 며칠동안 자연스레 담배에 손이 안가게 되었고 저절로 며칠 동안 금연이 된 상황을 계속 삼일만 참자, 열흘만 더 참자하면서 연장하여 결국 금연에 성공을 하게 되었다.

몸이 아픈 환자들에 둘러싸여 생활하는 의사들을 일반인과 달리 건강에 대해 일가견이 있을 것이라 기대하는데 나는 금연 이외에는 평소 무소신으로 살아 왔지 않았나 싶다. 일상생활에 있어서 특별히 건강관리를 위해 규칙적으로 해온 일이 없으니 말이다. 한때는 열심히 수영을 해보기도 하고 헬스센타에서 체련기구로 몸을 가꾸어 오기도 했지만 몇 달 못가 포기해버리곤 하였다.

　구력이 15년쯤 되었지만 주말에 어쩌다 가뭄에 콩나듯 필드에 나가는 탓에 언제나 초보 같은 실력의 골프외에는 별로 내세울 만큼의 건강관리법이 없으니 창피한 노릇이다. 외과의사의 일상은 항상 서서 몇시간씩 수술을 하고 외래에서도 수십번 앉았다 일어났다하면서 진찰을 하여야 하므로 운동량이 꽤 많은 편이라고 생각해왔다. 또한 매일 여기저기 흩어져 있는 환자를 찾아 병원을 바삐 쏘다니면서 회진을 함으로 남들처럼 따로 걷기운동을 하거나 조깅을 할 필요는 없을 것이라 생각했다.

　하지만 실제로는 운동량이 그리 많지 않은지 40대 후반부터 나오기 시작한 아랫 배를 요즈음은 감당하기 어려운 형편이 되었다. 건강을 위해서는 나폴레옹의 아랫배처럼 불쑥 나온 배를 홀쭉 들어가게 하는 것이 급선무로 여겨지는데 비법이 머리에 떠오르지 않는다. 요즈음 유행하는 제니칼같은 약물요법보다는 소식하고 걷기나 등산같은 운동을 열심히 해야 할 것 같은데 전처럼 또 작심삼일이 될까봐 겁이 난다. 금연을 결심할 때처럼 단호함이 있어야 할텐데 말이다. 그래도 시작이 중요할 것 같다. 이번 주말에는 가까운 우면산이라도 하이킹을 해봐야 하지 않을까? ✿

말띠해에 쓴 새벽 산보예찬

나는 새벽을 좋아한다. 새벽공기는 정신을 맑게하는 그 무엇인가가 숨어 있는 것 같아 좋고 새벽 강가에서 볼 수 있는 물안개는 사람의 마음을 한껏 정취있게 만들어 좋다. 이러한 새벽의 정적을 깨어버리는 것은 동녘에서 떠오르는 태양이다. 그리고 바다나 산에서 찬란한 해가 떠오르는 장관은 사람의 가슴을 뭉클하게 하는 그 무엇이 있다.

새해, 새아침에 사람들은 해돋이를 보러 정동진으로, 성산 일출봉으로, 강릉 경포대로 몰리곤 한다. 새해의 일출(日出)이 묵은해의 일출과 다를 리 없건만 이렇게들 새해의 해돋이를 보고 싶어 하는 이유는 무엇일까? 새해, 새아침에 TV에서는 처음으로 태어난 아기가 누구인가를 앞 다투어 보도하곤 한다. 새해 새아침에 태어난 아이와 묵은해의 섣달 그믐날 마지막으로 태어난 아이와 무슨 차이가 있길래 과연 그리할까? 이는 지나온 삶의 찌꺼기들인 묵은 해의 미련들을 버리고 미지의 새해에 거는 희망과 소원, 그리고 변화를 기대하는 사람들의 묵시적 행동의 표현이리라 생각된다.

새해는 12지간중 말띠의 해이다. 말은 역사적으로 인류와 가장 오래된 친구일 것이다. 그래서 고대 벽화에 자주 등장하는 동물이다. 벽화에서 말은 무사를 태운 모습으로 나타난다. 따라서 말은 주로 전투에 이용되어 말을 잘 다룬 민족이 고대에는 번성을 누렸다.

몽고족이 세계를 제패한 연유가 말을 자기 몸 다루듯 했기 때문으로 해석들을 하곤 한다. 말은 농경민족에게도 긴요하여 소와 함께 많은 도움을 주었다. 지금도 들녘에서 가을걷이들을 잔뜩 싣고 옮겨 나르는 말들의 모습을 보면 안스럽기까지 하다. 이렇게 인간에게 유익한 말의 해이니 새해는 좋은 일들만 있을 것 같다.

사람들은 새해 첫날에 정한뜻은 반드시 이루어 진다는 믿음이 있다. 그리하여 사람들은 몸을 정갈하게 하고 새해 첫날 두손 모아 올해의 소원들을 마음속으로 기원하곤한다. 그리고 다른 사람에게도 축원을 주고 덕담을 나누기도 한다. 결혼을 앞둔 노총각에게는 "올해에는 꼭 좋은 배필을 만나게"하기도 하고 직장에 다니는 후배에게는 "올해에는 꼭 승진을 하게", 건강이 좋지 않은 분에게는"건강하십시오"하고 인사를 건넨다.

소원은 거창할 필요가 없다. 보다 구체적인 것이 좋다. 그래야 실현 가능성이 있기 때문이다. 그러나 사람들은 이러한 사실들을 곧

잘 망각한다.

　새해, 우리에게는 월드컵 축구경기를 성공적으로 치루어야 하고 16강에 우리 한국 축구팀이 진출해야 하는 소망이 있기도 한 해이다. 그리고 지방자치선거와 대통령선거가 있는 정치의 해이기도 하다. 앞으로 우리나라를 번영케할 지도자를 뽑아야하는 중요한 한해이기도 한 것이다.
　월드컵 축구게임은 우리가 88 올림픽 때 보여준 바와 같이 합심하면 잘 치룰 수 있을 것이니 걱정할 일이 아니지만 16강은 쉽지 않은 일 일 것으로 보여진다. 대진표상 최강인 포르투갈과 폴란드, 미국이 결코 만만한 상대가 아니기 때문이다. 그러나 이것도 선수들의 노력과 국민들의 성원으로 가능케 만들어야 될 일이다. 한국의 에우세비오를 기대하면서 말이다.

　무엇보다도 우리들의 지도자를 뽑는 일은 정말 중요한 일이다. 콩심은데 콩나고 팥심은데 팥난다고 했다. 그리고 제눈에 안경이라는 속담도 있다. 지도자의 수준은 곧 그가 속한 국민의 수준인 것이다. 우리는 대한민국 건국이래 많은 지도자들을 보아 왔지만 국민의 일치된 좋은 평가를 받는 대통령을 모셔 보지 못하였다. 이번에는 우리 국민의 수준이 이렇다는 것을 보여서 세계 사람들에게 자랑 할 수 있는 대통령을 모셨으면 하는 소망이 나쁜 만은 아닐 것이다.
　내가 지도자의 덕목으로 첫째로 꼽고 싶은 것은 건강이다. 건강이라함은 몸과 마음이 모두 건강함을 말한다. 몸만 건강하고 마음이 건강치 못하면 국민을 얼마든지 불행에 빠뜨릴 수 있다. 이러한 사실은 네로황제나 연산군의 행적에서 배울 수 있었다. 이렇게 지도자를 이야기하는 것은 우리 의료계에도 이러한 지도자의 생각이 얼마나 영향을 미치게 하는 가를 지난번 의약분업 사태 때 절실히 느꼈기 때문이다. 부디 모든 국민이 우러러 마지않는 지도자가 선택되어지기를 소망한다. 한국의 간디를 기대하면서 말이다.

그리하여 미래가 예측가능한 정도正道를 가기를 희망한다. 우리 사회는 너무 예측이 불가능하다. 그 단적인 예가 교육제도이다. 건국50년이 넘었음에도 대학입시제도하나 정착시키지 못하고 있다. 수능시험은 어려웠다, 쉬웠다, 널뛰듯하고 입시제도는 몇 년이 멀다하고 바뀌고 있다. 우리나라 의료제도도 마찬가지이다. 의료보험은 계속 병원과 의사들의 희생만을 강요하는 정책을 쓰다가 종국에는 부도사태를 맞고 있고 의약분업은 의사와 약사들의 눈치만 보는 임기응변 정책으로 누더기가 되어가고 있다. 앞으로 어찌어찌 될 것같다는 예측이 불가능하기만 하다.

미래가 불확실하면 인간들은 황폐해져 가기 마련이다. 마약에 빠지고 환락과 사이비 종교에 탐닉하는 인간들이 많아진다. 의료계도 이러한 공황증상이 나타나지 말란 법이 없다. 이러한 조짐은 의사들의 해외이민풍조와 소위 3D과목의 기피현상, 안과, 피부과, 성형외과 같은 호황과목 전문의들의 개원으로 인한 탈 대학병원현상에서 볼 수 있다. 이대로 가다간 의료계도 기형이 되어 갈 것같다. 이렇게 되면 결국 최대의 피해자는 환자 즉 국민이 될 것이다. 황폐해져

가는 의료계를 바로 잡아 국민과 의료계에 희망을 주고 미래를 예측 가능하게 해줄 지도자를 기대해본다.

　새해에는 서로가 서로를 믿지 못하는 불신의 벽이 이 사회에서 없어지기를 소망해본다. 서로가 서로를 속이고 상대를 의심하다 보면 결국 자기가 자기를 믿지 못하게 되기 십상이다. 의사와 환자사이에 불신이 있으면 치료효과가 없어지는 것은 불문가지일 것이다. 플라시보효과도 믿음이 있기 때문에 나타나는 것이다. 믿음을 주려면 성실한 자세로 나를 낮추어 자기희생을 보여 주어야하고 정직하여야 할 것이다.

　정직함이 최선의 정책이라는 서양속담이 있듯이 우리 의사도 환자앞에서 정직하고 성실한 자세를 보여주어야 할 것이다. 이는 환자를 자기 부모나 가족처럼 여기고 임하면 자연히 해결 될 일이라고 생각된다. 때로는 짜증나고 피곤할지라도 몸이 아픈 환자를 마음까지 아프게하지 않도록 노력해야 참의사이지 않을까? 이땅에 많은 참의사들이 활약하고 이들을 믿고 따라 주는 참환자들이 있는 말띠 새해를 기대하면서 나는 이제 저 찬란한 정동진의 일출을 보러 떠나려한다. ✿

유방암을 이긴 부부

　　유방암을 주로 진료 하기 때문에 필자의 외래 앞 의자에는 여성들이 대부분 앉아있다. 그렇지만 가끔 남자들이 눈에 뜨일때가 있다. 이런 남성들의 대부분은 남성 유방암 환자인 경우_{남자도 드물게 유방암이 있다}보다는 환자와 동행한 남편인 경우가 많다. 이렇게 부부가 같이 병원을 찾는 모습을 보면 금슬이 좋아 보여 의사로서도 기분이 좋아진다.

　　지금부터 15년쯤 전 외래에 40대 후반의 여성이 남편과 함께 근심어린 표정으로 찾아왔다. 한달전에 남편이 아내의 왼쪽 유방에서 엄지 손가락 크기의 단단한 혹을 만져 아내에게 병원으로 빨리 가자고 재촉하였으나 아내는 통증이 없으니 암이 아닐 것이라고 고집을 부려 설득끝에 이제야 겨우 병원을 찾게 되었다는 사연이었다. 게다가 딸이 두 세달뒤면 수능시험이라서 공부에 지장을 받을까봐 시험 끝나고 진찰받으려 했다는 부연설명도 뒤따랐다. 진찰하여 보니 유방암 2기, 만일 두서너달이 지났더라면 더욱 진행되어 수술이 불가능하였을지도 모를일이었다.

항간에서는 유방에 혹이 만져질때 아프면 암이고 아프지 않으면 암이 아니라는 잘못된 상식이 있다. 그러나 유방암은 오히려 대부분 통증이 없고 단지 10% 정도에서 통증이 있을 수 있다. 그리고 유방암의 가장 흔한 증상은 혹이 만져지는 경우로써 대부분 환자 자신이 만지지만 목욕탕에서 때미는 아주머니가 발견하는 경우도 종종 본다.

이 경우처럼 남편이 만져서 오는 경우는 의외로 드물게 있는데 이는 남편들이 때밀이 아줌마보다 아내에 대한 관심이 부족한데서 연유한다면 너무 비약하는 것일까?

유방암의 조기진단은 혹이 만져지기 전에 유방엑스선 촬영이나 초음파검사로 가능하다. 혹이 만져지기 전에 유방암을 진단하면 생존율은 거의 100%에 가깝다. 그리고 치료도 유방 전체를 제거하고 겨드랑이 림프절까지 전부 절제하는 전통적인 유방암 수술보다 유방을 부분 절제하고 겨드랑이 림프절도 전이를 감시하는 림프절 일부만 떼어내는 간편한 수술만 해도 완치가 가능하다. 따라서 40대 이상의 여성은 유방암 조기 진단을 위하여 증상이 없다할지라도 매년 유방촬영과 전문의의 진찰을 권하고 있다.

이 환자도 혹이 작아 유방부분절제술을 계획하고 수술에 임하였는데 의외로 주위에 수술전 검사에 보이지 않던 0기 암이 넓게 퍼져 있어 별 수 없이 유방을 모두 절제하게 되었다. 수술직후 유방이 보존되어 있으리라 기대했던 환자와 남편의 실망은 매우 커서 왜 유방을 모두 절제할 수 밖에 없었나를 설명하는데 진땀을 빼야했다. 그 후 회복이 잘 되어 퇴원후 6개월 정도 항암치료를 받아야했는데 항상 남편이 의지가 되어 주어 중간에 힘들어 포기하려던 고비를 잘 극복하였다고 한다.

모든 암이 그렇지만 특히 유방암 환자에게는 가족의 따뜻한 애정과 협조가 치료에 큰 도움이 된다. 그중에서도 남편의 역할이 중요하다. 유방암 환자중에는 남편의 무관심과 바람끼 때문에 괴로워하는 경우를 종종 본다. 심한 경우는 이혼을 하는 경우도 있다.

입장을 바꾸어 보면 불치라고 알려진 암을 앓고 있는 것도 서러운데 남편과 가족의 냉대를 받고 있다면 어떤 심정이 될까 쉽게 상상이 갈것이다. 살고 싶은 의욕이 없어질텐데 하물며 투병의지가 어디 있겠는가? 이 환자는 유방암 투병중에 항상 곁에서 의지가 되어 주는 남편에게 고맙다고 느끼고 남편을 위해서도 오래 살아야겠다는 오기로 힘든 항암치료를 무사히 마치게 되었단다.

항암치료후 정기적으로 재발 유무를 알기위해 외래를 방문하여 검사를 받을때에도 거의 매번 남편이 동행하여 궁금한 점을 묻고 하여 주치의인 나와는 아주 오래된 친구처럼 농담하는 관계가 되어 버렸다. 남편이 인터넷과 책을 통해 유방암에 대하여 많은 지식을 얻어 직접 아내의 식단을 짜는가하면 때로는 의사인 나에게도 어려운 해박한 지식들을 질문하기도 해 나를 당황하게 만들기도 했다. 항암 치료후에도 가끔 우울증에 빠지는 아내를 위해 주말이면 교외로 드라이브를 하는등 기분전환을 위해 노력도 해주고 수술후 3년후쯤 남편의 강권에 의해 등의 근육을 떼어 새로 유방을 만드는 유방재건 성형수술도 받게 되었다.

성형수술후 남편의 첫 말은 "이제 제 아내도 다시 완전한 여성이 되었죠. 인생에 있어서 신장개업하는 기쁨을 누릴 수 있는 사람이 어디 흔합니까?"였다. 수술후 15년 재발없이 환자는 건강히 지내고 있고 발병 당시에 수능공부 하던 딸도 벌써 시집을 가 부부 모두 요즈음 귀여운 손자들을 보는 재미에 푹 빠져 있다는 소식이 작년 크리스마스때 남편이 나에게 보낸 카드에 적혀 있었다.

올해도 크리스마스가 머지 않았다. 이들 부부의 건강하게 지내고 있다는 소식이 담겨있는 기분좋은 크리스마스 카드가 기다려진다. ✿

유방암 모녀

어느날 아침 병실을 회진하는데 어머니를 간호하고 있던 유방암 환자의 딸이 나에게 말을 걸어 왔다. "선생님, 이번 기회에 저도 암 검사를 받아봐야 되겠어요. 그동안 무관심했는데 생각이 났으니 엄마가 입원해 계실 때 받아 볼래요" 라고 말이다. 나는 "아휴! 너무 예민해지신 것 같네요. 우리병원에 따님분 아니라도 검사할 환자가 너무 많은데…"라고 농담으로 받아 넘겼다.

며칠 후 "건강 검진을 받았는데 선생님, 아무래도 유방이 이상하다나 봐요. 유방촬영에서 무언가 보인다는데 선생님 진찰을 받아야겠어요." 하질 않는가? 그래서 바로 외래에서 진찰을 해보았더니만 공교롭게도 유방암이라는 진단이 나와 어머니와 딸이 동시에 병실에 누워 유방암 수술을 받아야하는 케이스가 생겨났다.

암이 이미 우리나라 국민의 사망원인중 1위로 자리잡은지 오래이다. 어느 통계에 의하면 우리나라에 약 50만 명의 암환자가 신음하고 있고 매년 약 15만 명가량의 암환자가 새로 발생하고 있다한다. 이러한 암은 비용도 만만치 않아 국민건강보험공단의 발표에 의하면 1인당 진료비가 660만 원이며 1년동안 총 1조 원이 넘는 진료비가 암치료에 들어가고 있으니 경제적인 부담도 상당한 질병임에 틀림없다.

　암은 많이 발생하는 종류가 민족에 따라 각기 달라서 유전적인 요인과 생활습관등 환경요인이 연관되어 있음을 시사해 주고 있다. 즉 구미에서는 전립선암, 폐암, 대장암, 유방암이 많이 발생하는데 비해 우리나라에서는 위암, 간암, 자궁암 등이 호발하고 있다.

　그러나 최근 우리나라에서도 암중에 점점 증가추세에 있는 것이 대장암과 유방암이다. 이로보아 생활패턴 그중에서 식생활등이 점점 서구화해감에 따라 암의 발생 양상도 서구를 따라 가는 것이 아닌가 추측하고 있다.

　유전적인 요인보다 생활습관이 중요하다는 좋은예가 미국 LA로 이민간 일본인들의 유방암 발생율이 본국에 비해 훨씬 증가하였다는 연구결과이다. 즉 유방암 발생율이 적은 일본에서 태어난 일본인이 유방암이 많은 미국으로 이민을 가서 생활 하게 되니 유방암이 많이 발생하더라는 연구결과로 암의 발생에 유전적인 요인과 더불어 환경요인도 중요하다는 것을 보여주는 것이다. 최근에 유방암을 일으키는 유전자가 발견되어 암과 유전에 관한 많은 연구가 진행되고 있다.

이러한 유전자는 유방암의 5~10%를 차지하는 가족성 유방암의 30~35%에서 발견되며 이 유전자를 보유하고 있으면 37~87%에서 유방암이 발생할 가능성이 있다고 한다. 따라서 이러한 유전자를 가지고 있으면 특별관리를 할 필요가 있다.

우리나라에서도 이러한 유전자에 관심이 높아져 많은 연구가 진행되고 있어 환영할 만한 일이다. 앞서의 모녀 유방암환자도 유전자의 이상을 미리 알아보았다면 좀 더 일찍 유방암을 발견할 수 있었을지도 모를 일이다.

그러므로 이렇게 유전자에 관한 신비가 하나, 둘 벗겨지는 게놈시대에 들어서면서 암을 예방하거나 선천성 질환을 예측할 수 있는 개개인에 대한 소위 맞춤의학이 가능하여진 편리한 점도 있지만 부작용도 나타나고 있다. 즉 부인이 이러한 유전자를 보유하고 있다는 사실을 안 남편이 부인에게 이혼을 요구한다든지 이러한 유전자를 가진 것을 비관하여 자살까지 시도하는등 가정파탄이 일어나는 경우가 발생하게 된것이다. 따라서 이러한 유전정보를 다루는 의사들이나 가족들의 세심한 주의가 필요하다.

한가지 중요한 사실은 이러한 유전인자를 가졌다 할지라도 모두 암을 일으키지는 않는다는 사실이다. 다시 말하면 유전자가 발견되었다 하더라도 어떤 사람은 암에 걸리게되기도 하고 어떤 사람은 평생동안 암이 나타나지 않는 개인 차이가 있다는 말이다.

아직 어떤 작용으로 이러한 현상이 일어나는지는 신비에 싸여있어서 앞으로 연구하여야 할 과제다. 따라서 이러한 유전자가 몸에 있다하여도 실망은 금물이며 오히려 예방이나 조기검진이 가능하므로 좋은 결과를 얻을 수도 있는 것이다.

예를들어 갑상선 암의 유전자가 발견되어 3명의 자매가 서로 격려하면서 조기에 수술을 받고 완치에 이른 경우가 기억에 남는다. 하루빨리 암에 관한 수수께끼가 풀려 암을 예방할 수 있는 날이 오기를 기대하며 오늘도 나는 수술실로 무거운 발길을 옮기고 있다.

마스크 미인

오늘 아침 어려운 수술을 마치고 나오면서 수술실 밖에서 초조히 기다리고 있던 보호자에게 수술경과에 대해 "아주 성공적이었습니다." 고 설명을 하였다. 그러자 환자의 부인이 나의 손을 덥석 잡으면서 "선생님! 고맙습니다. 수고 하셨습니다." 라고 기뻐하였다. 설명을 마치고 돌아서는 나에게 다시 "선생님, 잠깐만요. 다시 한번만 선생님 손을 잡아보고 싶군요. 수술을 잘해 주셔서 고마워요."하는 것이 아닌가? 이럴때면 정말 몇시간 동안 꼼짝 못하고 등에 식은 땀을 흘리며 피투성이가 되어 씨름하던 기억은 여름 더위속의 소나기처럼 시원하게 사라지고 만다. 외과의사가 된 보람이 이러한 것이며 이런 맛에 외과의사의 길을 외골수로 걸어 왔을 것이다.

외과의사는 주로 약으로 치료하는 내과의사와 달리 메스를 들고 인체에 상처를 주는 수술이라는 침습적인 방법으로 치료를 한다. 따라서 우리나라 사람들은 예부터 한의학에 익숙해있는 탓에 같은 병이라도 외과수술은 가능하면 피하려 하고 내과적 치료를 원한다. 그러나 수술로만이 해결할 수 있는 병이 아직은 이 세상에 많이 있다. 아무리 신약이 개발된다 하더라도 외과의사가 필요없는 세상은 아무래도 가능하지 않을 성 싶다.

외과의사는 활동 무대가 주로 수술실이다. 외과질환의 치료 성패는 수술실에서 대부분 결정이 된다고 해도 과언이 아니다. 따라서 수술실에는 항상 긴장이 감돈다. 이러한 수술실의 풍경에 대해 많은 사람들은 궁금해 한다.

과연 수술실은 어떻게 생겼을까? 수술실에서는 어떤 일들이 벌어질까? 수술실 속에서 의사들은 어떤 모습들을 하고 있을까? 하고 말이다. 그러나 수술실은 어느 입원실이나 진찰실보다 오히려 규격화되어 있어 단조롭기만 하다. 이러한 단조로움을 없애기 위해 요즈음은 벽 색깔도 파스텔 톤으로 단장하기도 하며 소아환자들을 위해 도날드 오리그림이나 백설공주를 그려 넣기도 한다.

세균 감염을 예방하기 위해 소독이 중요하므로 수술실 종사자들은 모두 마스크를 써야하고 머리에는 수술모자를 착용하여야 한다. 그러자니 수술실에서 보던 모습이 밖에서 마스크와 모자를 벗고 보는 인상과 영 딴판인 경우가 종종 있을 수 있다. 따라서 수술실에서는 '마스크 미인'이 탄생하기도 한다.

무슨 말 인고 하면 마스크를 쓰고 모자를 쓴 모습은 눈과 이목

구비가 균형을 잘 갖추어 천하 절색이였는데 마스크와 모자를 벗고 서 보니까 균형이 헝클어져 박색(?)인 경우가 있다는 이야기이다. 언젠가 수술실에서 어느 전공의는 어여뿐 마스크 미인 간호사의 모습에 반해 데이트 신청을 했단다. 그레이스 켈리를 닮은 용모에 반했다나 어쨌다나 하면서 동료들에게 자랑을 늘어 놓고 나간 첫 데이트에서 너무 모습이 달라보여 그리 당황할 수 밖에 없었다는 이야기가 전해 내려 오고 있다.

수술실에는 항상 긴박한 상황이 돌발할 수 있으므로 수술팀은 긴장이 팽배해 있을 수 밖에 없다. 그러나 너무 긴장들 하고 있으면 실수가 나올 수도 있다. 그러므로 집도의는 이러한 긴장을 누그러뜨리기 위해 일부러 농담을 하고 수술팀을 웃기기도 한다. 수술을 받는 환자의 입장에서 보면 누구는 생명을 담보로 수술을 받고 있는데 무책임하게 농담이 무어냐고 할지 모르지만 실상은 그렇지 않다.

몇시간째 꼼짝 못하고 단조로운 견인기^{수술 시야를 좋게 하기 위해 잡아 당기는 기구}를 잡고 있어야 하는 조수들을 졸리지 않게 하려면 집도의는 농담도 하고 때로는 야단도 쳐가며 수술팀을 지휘해 나가야 한다. 그러니까 집도의는 수술팀을 지휘하는 오케스트라의 지휘자인 셈이고 수술을 도와주는 조수들이나 간호사는 훌륭한 화음을 연주해 내는 교향악단의 단원과 마찬가지이다.

얼마전 나는 머리를 까맣게 염색을 했다. 그랬더니만 직장에서 20년쯤 젊어 보인다는 야유반 아부반의 농담을 많이 듣게 되었다.

일찍 흰머리가 생기는 가계의 영향으로 40대부터 흰머리가 유난히 많아지고 요즘 들어서는 머리 숱까지 줄어들기 시작하여 나이가 들어감을 새삼 더욱더 느끼고 있던 참이었다. 항상 마음은 30대 아니 20대 같이 여기려 노력해 왔건만 몸은 어찌할 수 없이 세월의 시계를 정확하게 가리키고 있다.

여하튼 염색을 하고나서 주위에서 그런 말을 들으니 기분은 나쁘지 않았다. 그러나 젊어지기 위해 염색을 하는 것은 결국 여성들이 얼굴의 주름살을 안 보이게 하기 위해 화장하는 것과 마찬가지가 아닌가 생각되었다. 여성들이 화장을 하려면 몇 시간 정성들여 거울 앞에 앉아있어야 한다. 머리의 염색도 마찬 가지이다. 염색약을 정성들여 개어야 하고 또 머리에 꼼꼼히 정성껏 발라야 하며 옷에 묻지 않도록 몸을 잘 감싸야 한다. 여간 귀찮은 일이 아니다.

아무튼 이렇게 젊어 보이려는 노력은 나로서는 수술장에서의 지휘자로서 젊고 신선한 분위기를 만들기 위해 단장을 해본 셈인 것이다. 마스크 미인이 되어 본 격이 아닌가한다. 이러한 내 모습이 마스크 미인이라도, 위장된 젊음이라도 나에게 아픈 몸을 맡겨주는 환자들이 기분 좋게 느껴준다면 의사로서는 더 바랄 것이 없을 것이다.

❀

나를 움직인 책―에릭 시걸의 '닥터스'

"의학의 가장 근본적인 원리는 사랑이다."라고 16세기 스위스의 의사이며 철학자인 파라셀수스는 말했다. 그는 또한 "의사에게 필요한 것은 학위도 달변도 지식도 만권의 책을 독파하는 것도 아니며 오직 자연의 비밀에 대한 심오한 지식이 필요하고 그것만이 그밖의 모든 것을 합친 것 이상의 가치를 지닌다." 라고 설파했다.

의사라는 직업은 환자가 있기 때문에 존재한다. 그러나 의사들은 환자에 대한 사랑이 없이 질병만을 다스리는 우를 범하기 쉽다. 에릭 시걸은 '닥터스'라는 소설에서 1950년대 하버드 의대생들을 통해 의과대학 학생들의 고된 학업과정, 인턴, 레지던트 시절의 피말리는 수련, 그러한 과정을 거쳐 하나의 의사로서 완성되어가는 인간들의 모습을 '러브 스토리'를 쓴 특유의 섬세하고 서정적인 필치로 흥미

진진하게 그려냈다. 시걸은 이 소설을 통하여 환자들이 진심으로 몸과 마음을 바쳐 의사를 신처럼 숭배하고 있지만 의사들은 모든 병을 흡족하게 치료할 수 없다는 사실에 가장 상처 받기 쉬운 치유자라는 사실을 독자들에게 강조하고 있다.

수련의 생활을 거쳐 전문의를 마치고 보장된 개원의로의 안정된 길이냐 또는 대학에서 중한 환자들을 보살피며 후학을 가르치면서 보람을 찾을 것인가 갈림길에서 방황하던 나에게 나의 선택이 옳았음을 가르쳐준 책이 바로 '닥터스'였다.

또한 언제부터인가 전문의로서 현실에 안주하여 안정된 생활에 만족하고 매너리즘에 빠지려는 나에게 신선한 충격과 더불어 히포크라테스 선서를 되뇌이게끔 새삼 자세를 가다듬게 만드는 계기를 만들어 준 책이기도 하다. 그리고 이 소설은 베일 속에 숨어서 그들의 영역을 노출하기 꺼리는 의사들의 모습을 인간적으로 그려줌으로서 독자들에게 의사들을 이해할 수 있게해 일반인과 의사와의 거리를 좁혀주는 역할도 하고 있다고 여겨졌다.

이 책은 소설이지만 그러한 점에서 1980년초에 내가 번역하여 출판하였던 '어느 풋내기 수련의사의 일기-인턴 엑스' 같은 책과 일맥상통하고 있기도 하였다. 환자들에게는 전지전능하게 보이는 의사도 인간이기 때문에 때로는 실수도 있을 수 있고 비정의 주인공이 될 수도 있다는 사실은 나에게 많은 공감을 주는 부분이었다. 불치의 질병앞에서 고뇌하는 의사의 진면목을 보여 줌으로써 밀려드는 환자들속에서 점점 피로 증후군을 나타내며 짜증스러운 일상에 찌들었던 나를 심기일전하게 해주었다. 의사는 보람있는 직업이고 그래서 해 볼만한 직업이라는 것을---.

　나는 우리 주위에도 많은 '닥터스'들이 과학은 결코 기적을 규명할 수 없음을 깨달으며 사랑스러운 손길로 환자들을 진료하고 있다는 것을 감히 말하고 싶다. 그리고 얼마전 우리에게 많은 주옥 같은 소설들을 남기고 이세상을 떠난 에릭 시걸의 명복을 빌면서 그가 남긴 러브스토리중의 유명한 한 구절을 다시 한번 읊조려본다.

　"사랑은 결코 미안하다고 말하는 것이 아니야 Love means never having to say you're sorry"

디지털 시대의 의사

얼마전 레지던트 선발시험이 있었다. 지원 상황을 보니 몇 년째 계속되어온 불균형은 여전하였다. 즉 인기과인 성형외과, 이비인후과, 안과, 피부과는 경쟁이 치열하였고 소위 3D에 들어가는 외과_{과거는 일반외과로 불리웠다} 흉부외과, 산부인과 등은 여전히 그저 정원채우기에 급급하였다.

요즈음 새로운 현상은 임상병리과, 해부병리과, 핵의학과 등이 지원자가 없어 정원미달사태가 일어나고 있는 것이다. 이같은 현상은 이들 지원과에서 힘든 레지던트생활을 마쳐도 미래가 보장되지 못한다는 이유에서 일 것이다. 즉 지원과는 개원이 여의치 않고 종합병원이나 대학병원의 취직자리가 이미 포화상태인지라 취업이 용이하지 않기 때문이다.

의사도 목구멍이 포도청인지라 우선 개원이 용이하고 수입이 좋으며 취직자리가 많은 전문과목을 택하고 싶은 것은 인지상정일 것이다.

과거의 3D는 위험하고dangerous, 더럽고dirty, 어려운difficult 것을 뜻하여 기피하는 업종을 뜻하였지만 현재의 3D는 디지탈digital, 생명공학DNA, 디자인design으로 압축되어 유망업종을 뜻한다는 말이 있다. 이러한 비유는 인기란 돌고 돌 수 있다는 의미를 내포하고 있는 것같다. 오늘의 유망업종이 내일에는 비인기 종목이 될 수 있고 현재의 비인기 종목이 미래에는 인기종목이 될 가능성이 큰 것이니 참고할 일이다. 그러나 무대책으로 일관하여서는 이러한 불균형이 저절로 해결될 리는 만무할 것이다. 무엇인가 대책이 있어야 할 일인데 의료계 자체로서는 뾰쪽한 대책이 없다는 것이 문제점이다.

근본적인 해결방법은 왜곡된 의료수가 체계를 고치는 데에 있다. 즉 우리나라의 보험수가의 문제는 최근 상대가치제를 도입하였다하나 고도의 경험과 기술이 필요하며 생명에 직접 관련이 많은 흉부외과나 외과의 수술수가를 원천적으로 의사들의 기술료로 고려하지 않고 책정한데서 연유한다.

우리나라 보험수가는 수술의 난이도와 수술자의 경력이나 기술수준을 전혀 고려하지 않은 점이 많이 지적되고 있는 것은 주지의 사실이다. 호텔에도 별 하나에서 다섯 개까지 등급에 따라 객실료가 차등이 있듯 시설이 다른 병원에 따라 입원료도 차등을 두고 설렁탕에도 특제와 보통에 따라 차이가 있듯 수술료도 의사의 경험, 숙련도

에 따라 차등이 있는 수가가 있어야 외과와 흉부외과가 예전의 영광을 찾을 수 있을 것이다. ✿

나는 언제나 웃기는 희극배우이고 싶다.

　나의 일상은 매일아침 5시 핸드폰의 알람소리에 맞추어 일어나는 것으로 시작된다. 조간신문을 훑어 본 다음 집 앞의 양재천을 산책하곤 한다.
　아침 산책은 병원 소독냄새와 씨름하여야 하는 나에게는 건강을 위해 필수적인 육체적으로는 운동이자 정신적으로는 카타르시스가 된다. 직업이 고된 수술을 본업으로 하는 외과의사인지라 내과의사에 비해 몸을 쓰는 육체적 노동을 많이 하기 때문에 운동량이 많으리라 여겨지지만 수술도 스트레스와 긴장속에 치루어야 함으로 결국 머리를 써야하는 정신노동이라고 하여야 할 것 같다.
　항상 운동이 부족하여 온몸이 뻣뻣하고 굳어가는 느낌이 있으니 매일 아침 30분 정도의 산책은 나에게는 건강을 위해 필수적이라고 생각한다. 저녁에는 하루 고된 일에 파김치가 되거나 회식등으로 시간이 없는 경우가 많아 집에 돌아오면 눕고 싶은 마음이 앞서 운동은 생각할 수 없으니 건강테크겸 시時테크의 한 방법이기도 하다. 또한 인공적인 회색 아파트에 둘러싸여서 생활해야하는 도시인인 나에게는 양재천 산책이 내 가까이에 자연이 있음을 느끼게 해주는 좋은 기회가 되기도 한다.

봄이면 천변의 개나리와 벚꽃의 흐드러진 향연을 남보다 일찍 감상할 수 있고 여름이 되면 한낮의 뜨거운 태양 열기가 가장 식어 있는 새벽의 시원함을 만끽할 수 있으며 가을에는 울긋불긋 물든 가을 단풍을 내장산이나 설악산을 가지 않아도 볼 수 있어 좋고 겨울에는 눈에 덮힌 고요함과 남이 밟지 않은 하얀 눈밭을 가장 먼저 밟을 수 있는 낭만을 즐길 수 있어 좋다. 이렇게 내가 새벽 산책을 즐기게 된 것이 어느새 5년째 접어들었다.

딸아이가 직장을 얻어 아침 새벽에 일찍 출근하여야 해서 집안 식구가 모두 일찍 일어나야 하는 상황이 되면서 딸아이를 출근 시키고 다시 눈을 부치고 출근하는 것보다 운동삼아 산책을 해보자는 생각에서 시작한 것이 이제는 습관이 된 것이다. 처음에는 조금 힘이 들었지만 지금은 하루의 원동력이라 할 만큼 만족하고 있다. 건전한 습관을 안겨준 딸에게 고마운 마음이다.

이렇게 새벽 산책을 마친 다음 샤워를 하고 출근을 하여 흰 가운을 입고 나면 나의 일상은 새벽과는 전혀 다른 세상이 된다. 어느 날 갑자기 남의 일로만 생각되던 무서운 병마가 자신에게 찾아와 심신이 힘들고 괴로운 환자들을 돌보는 긴장속의 힘든 병원생활이 시작되는 것이다.

아침 병동회진에서 만나는 사람들은 수술을 앞두고 불안에 떠는 환자들과 이미 수술을 마치고 막 회복기에 들어서 아직 통증을 호소하는 환자, 그리고 수술후 모든 과정을 마치고 마치 어려운 입시에 합격증을 받은 듯 홀가분한 심정으로 퇴원을 앞둔 환자들로 며칠 차이지만 다양한 경과를 갖고 있는 여러 단계의 환자들이다.

챠트를 보지 않고서도 그들의 얼굴표정에서 벌써 어느 단계의 환자인지를 알 수 있다. 매일 가능하면 아침, 저녁 두 번씩은 회진을 하려 노력하지만 어느 날 너무 바빠 빼먹기라도 하는 날이면 환자들의 표정에서 약간의 서운함이 묻어 나옴을 느낄 때도 있다. 그럴 때면 내심 미안한 마음이지만 짐짓 거드름을 피워보고 나서 후회하는 적도 있고 수술 후 통증을 호소하는 환자들에게 뭘 그까짓 것 가지고 아기처럼 보채는가고 야단을 치고나서 뉘우친 적도 많이 있다.

나도 실수로 손을 베어 조금 상처가 나 몇바늘 꿰맸을 때 통증 때문에 잠을 설친 적도 있었지 않았던가? 어느 의사가 말하기를 훌륭한 의사가 되려면 스스로 환자가 되어 봐야한다고 하지 않았던가? 항상 환자 입장을 생각하려 노력하지만 자주 잊어버림을 어찌하랴? 나는 분명 좋은 의사가 아닌가보다고 자책할 때가 많다.

어느 날이었다. 회진중에 유방암 수술한 환자곁에서 간호하고 있던 그 환자의 딸이 자기도 유방에 무언가 만져진다고 말을 걸어왔다. 나는 젊은 사람에게는 혹이 만져지더라도 암보다는 양성良性 혹인 경우가 많으니 너무 걱정 말라고 일단 안심시킨 다음 그래도 혹시 모르니 외래에서 검사해보기를 권하였다. 검사 결과 유방의 혹은 불행히도 어머니와 같은 암이었고 서둘러 수술을 하게 되었다.

유방암의 경우 유전성인 경우가 5~10% 내외에서 있어 종종 유방암이 가족 여러 명에게서 나타나는 경우를 볼 수 있다. 딸이 어머니와 함께 같은 병실에서 누워 있게 되었으니 서로 심정이 착잡함은 이루 말할 수 없었을 것이다.

특히 어머니의 심정이 말이 아니었음은 두말할 필요가 없을 것이다. 어머니는 자기로 인해 딸이 병을 얻었다 여기고 거의 눈물로 온종일을 보내고 있었다. 보다 못해 나는 본인의 잘못이 아님을 의학적으로 설명을 해주었지만 어머니는 딸에 대한 미안함을 계속 표현하고 있었다.

어느 정도 안정을 찾고 퇴원 후 두 모녀는 오히려 서로 위로하며 항암치료가 잘 진행되었다. 이 모녀가 퇴원한 다음 몇 달이 지난 후 외래에서 다른 환자를 진료하고 있는데 갑자기 그 어머니가 진료실로 뛰어 들어와 깜짝 놀라 웬일인지 물어 보았더니 이번에는 남편이 위암 진단을 받았다는 것이다. 정말 이 가족에게는 청천벽력이 아닐 수 없었을 것이다. 이렇게 암은 인정사정 보지 않고 이 가족을 괴롭히고 있었다.

21세기 첨단 과학의 시대에서도 수수께끼가 풀리지 않고 있는 현대의 불치병인 암은 유전성인 경우가 종종 발견된다. 유방암을 수술한 환자에게 또 갑상선암이 발견되어 수술을 받고 회복 되고나니 직장암으로 또 몇 년뒤 수술하게 된 경우도 있어 한 사람에게 3종류나 심지어 4종류의 암이 발견된 경우도 있었다. 이렇게 되면 그야말로 그 사람의 몸은 암에 관한 교과서가 되어 버린다. 자기 몸을 암 연구에 바치겠다하며 쓴 웃음을 짓는 환자에게 나는 암에 의해 일찍 운명하신 환자들도 많은데 그래도 오랫동안 암을 이기셨기 때문에 역전의 용사가 되신거니 훈장으로 아시고 열심히 건강을 돌보시라고 위로해보지만 그런 말이 공허함을 환자나 나나 똑같이 이심전심으로 느끼고 있음은 부인할 수 없는 노릇이었다.

원래 암은 라틴어로 게CRAB를 표현하는 말에서 어원을 찾을 수 있다. 한번 붙으면 떨어지지 않으려하는 성질과 옆으로 기어다니는 게의 발모양처럼 돌기가 무섭게 생긴 모양으로 예전부터 인식되었기 때문이리라 여겨진다.

암은 손톱, 발톱, 머리카락만을 제외하고 우리 몸의 모든 곳에서 발생할 수 있으며 이사를 쉽게 다니면서 이곳 저곳에서 기생하는 능력을 가지고 있기도 하다.

수술로 원래의 암을 도려내어도 자꾸 재발을 하고 마침내 우리 몸 곳곳에 퍼져 사망에 이르게 하는 몹쓸 병이다. 현대 의학이 암과의 전쟁을 선포한 이래로 많은 연구들이 이루어져 수수께끼가 하나 둘씩 풀려가고 치료 방법도 향상되어 과거에 비해 생존율이 많이 향상 되었지만 아직 완치라는 정상까지 다다르기에는 5부 능선을 겨우 넘은 단계라고 말 할 수 있을 것이다.

암을 치료하기 위해서는 수술하는 외과의사뿐 아니라 항암치료하는 내과의사, 그리고 방사선으로 치료하는 방사선종양학과 의사 등 암을 전공하는 각종 전문의들이 총동원 되어 연합군 형태로 치료하여야 한다. 이렇게 다양한 방법으로 암을 다스리려 하지만 암은 현대인의 사망 원인 1위로서 자리 잡은지 오래이고 원인도 아직 오리무중인 상태이니 참으로 답답한 노릇이다.

아침 회진을 끝내고 수술이 있는 날이면 수술장으로 발길을 향한다. 요즈음 의사들은 유방암 수술을 과거처럼 무조건 유방 전체를 없애버리는 수술보다는 될 수 있으면 유방의 원래 형태를 보존하면서 암 조직만을 제거하는 수술을 하려 노력하고 있다.

왜냐하면 유방을 보존하더라도 생존율과 재발율이 전체를 제거한 경우와 같으면서 삶의 질이 훨씬 좋기 때문이다. 그러나 보존이 불가능한 경우도 종종 있다.

특히 요즈음 2-30대의 미혼여성이 유방암에 걸려 수술을 받는 경우를 흔치 않게 보게 된다. 꽃다운 나이에 유방암에 걸린 충격과 더불어 완전히 유방을 다 절단하여야 하는 경우 환자 본인에게 얼마나 가슴 아픈 일일까? 그들을 치료해야 하는 주치의 입장인 나로서도 마음 아프고 힘들다. 하지만 어찌 내가 환자인 그들의 심정을 완전히 헤아릴 수 있다고 장담할 수 있을까? 어림없는 노릇이다. 물론 성형술로 다시 유방을 만들 수도 있지만 원래의 유방과는 차이가 있게 마련이니 가능한한 보존을 하는 것이 최선의 방법이다.

평소 의사라는 직업에 자부심을 느끼며 살아온 나로서는 젊은 환자의 유방 전체를 제거해야만 하는 수술을 할 때가 내가 왜 유방암을 전공하는 의사가 되었나하고 가장 후회하는 때이기도 하다. 꽃처럼 아름다운 가슴에 흉칙한 흉터를 만들 수밖에 없는 의사… 아무리 치료를 위해서라지만 씁쓸한 기분은 오랫동안 남아 있곤하니 말이다. 마치 갓 피기 시작한 아름다운 꽃봉오리를 머금은 장미를 더 예쁘게 활짝 피워보려 멋진 화분에 옮겨 심었다가 그만 시들어 버렸을 때의 후회 막급의 심정이랄까?

그러나 정말 운좋게 이런 경우도 있다. 수술전 검사에서는 유방을 완전 절제하여야 할 것이라고 판단되어 환자에게 절단할 수 밖에 없음을 설명해주는데 그래도 부분 절제 할 수 없는가고 눈물을 뚝뚝 흘리면서 애원하는 경우를 흔히 본다. 이런때면 정말 보기 딱하여 수술전 검사로 100% 결정되는 것은 아니며 수술장에서 혹시 판단이 바뀔 수 있는 경우가 있을 수 있다고 설명해주곤 한다.

간혹 천만다행으로 수술방법이 바뀌어서 보존이 가능한 경우도 있는데 수술이 끝나고 마취에서 깨어난 환자에게 유방을 보존했다는 사실을 알려 주면 환자는 수술 통증으로 찡그렸던 얼굴이 금새 활짝 웃는 낯이 된다. 이럴때면 나는 마치 환자를 울렸다 웃겼다하는 배우가 된 기분이다.

그래도 나는 관객을 울리는 비극배우보다는 환자들을 웃기는 희극배우같은 의사가 되고 싶다. 언제쯤이면 환자들을 항상 웃게 만드는 의사가 될 수 있을지 그날을 기다리며 수술실로 들어선다.

노벨의학상 프로젝트

미국의 저널리스트이자 작가인 앨빈 토플러는 인류가 농경기술을 발견한 이래 1만년의 '제1의 물결'을 거쳐 산업혁명에 의한 기술혁신으로 300년동안 '제2의 물결'을 경험하고 이제는 고도의 과학기술에 의해 정보화 사회인 '제3의 물결'이라 불리는 미증유의 대변혁을 맞이하고 있다고 현대인들에게 설파하고 있다. 의학도 이러한 시대의 변화에 발 맞추어 급격한 변화를 이루고 있는 것은 주지의 사실이다.

예를 들면 병원에서 점점 종이로 된 챠트와 필름이 없어지고 디지털화 한 전자챠트가 등장하고 엑스레이 필름대신 PACS엑스레이로 찍은 사진을 필름대신 디지털로 변환하여 대형 컴퓨터에 보관하였다가 수시로 컴퓨터 화면으로 볼 수 있는 장치가 역할을 대신하고 있으니 가히 20년전만해도 상상 할 수 없는 일이 일어나고 있다.

외과영역에서도 메스로 크게 절개하여 육안으로 병소를 직접 확인하여 수술하던 방법들이 내시경이나 복강경을 이용한 최소절개 또는 구멍을 통한 수술방법들이 주류를 이루는 최소침습 수술법들이 주류로 바뀌어 가고 있는 추세이다. 이렇게 하루가 다르게 급속하게 발전해가는 시대를 살아가는 외과의사로서 남에게 뒤떨어지지 않고 어떻게 적응하며 살아가야 하는가하는 것은 요즈음 나의 머리를 짓누르는 커다란 명제이기도 하다.

외래에서 환자들이 가끔 물어오는 질문들 중에는 나도 잘 모르는 최신 지식들에 관한 것이 종종 있어 깜짝 놀라는 경우가 있다. 이는 인터넷에서 최신 정보를 검색하여 주치의인 나보다 환자들이 먼저 정보를 접하여 얻은 지식인 경우가 대부분이다. 따라서 잠깐이라도 한눈팔고 있으면 돌팔이(?)가 되기 십상인 세상이다.

환자들이 제일 관심을 두는 분야는 신약과 새로운 치료법 그리고 예방법에 관한 것들이다. 이들의 대부분은 외국에서 이루어진 연구들이 주류를 이루고 있다. 메이드 인 코리아가 전자제품이나 자동차같은 첨단 일류 제품을 내놓아 세계를 석권하고 있는 요즈음에 의학에서만은 아직 이렇다할 작품을 내놓지 못하고 있음은 여러모로 생각할 점이 많다 하겠다.

물론 해외에서 활동하고 있는 한인중에서 괄목할만한 업적을 내놓은 경우는 가끔 있었으나 토종 의학자가 세계의 주목받을만한 업적을 내놓지 못함은 안타까운 일이다. 그렇다고 해서 우리나라 의학

수준이 낮은 것은 절대 아니다. 오히려 위암 등 몇 개 암에 있어서 미국이나 일본같은 선진국과 생존율을 비교할 때 우리가 앞서는 경우도 많아 우리나라 임상 치료 수준은 가히 세계 일류 수준을 넘어 최첨단이라 말 할 수 있을 만큼 손색이 없다.

그러나 이러한 임상 수준도 자세히 들여다보면 우리가 주도적으로 업적을 쌓은 경우는 거의 없고 선진국의 결과를 모방하여 치료하는 경우가 대부분이다. 우리에게 허준같은 동양의학의 걸출한 의학자가 있었고 서양의학을 들여온지도 100년이 넘는 오랜 역사에 비해 왜 의학의 전반적인 수준은 국력에 비해 모자라게 보이는 걸까?

신약 개발 같은 경우도 우리는 이제 걸음마 수준에 지나지 않고 있으며 노벨의학상에 근접한 인물도 자신있게 내놓지 못하고 있을까? 여러 가지 분석이 있을 수 있지만 나는 가장 큰 원인은 기초 과학이 충실하지 못하기 때문으로 여기고 있다. 집을 지을 때도 가장 중요한 것은 대들보를 튼튼하게 만들어야 수명이 오래가는 법이다.

화학, 물리학, 생리학, 생화학, 면역학 등 기초 과학의 육성이야말로 의학의 대들보를 쌓는 일일 것이다. 요즈음같이 의과대학에 영재들이 몰리고 있을 때 이러한 기초의학의 중요성을 인식시키고 이들이 관심을 가지고 전공을 택하도록 유도하는 것이 우리의학계의 백년대계를 위해 중요한 이슈가 되어야 할 것이다. 그러기 위하여는 정부가 먼저 기초의학 연구에 인센티브를 주고 연구자들에게도 병역 혜택 등 여러 가지 혜택을 강구하여 인재들이 안심하고 연구에 몰두할 수 있는 환경을 조성해 주어야 할 것이다.

우리 한국의 미래를 짊어질 인재들이 경제 논리에 집착하여 임상의학에만 몰려서 강남의 성형외과를 개원하는 것이 꿈이라면 이는 커다란 국가적 손실임이 분명할 것이다. 마침 정부는 해외 환자 유치에 많은 관심을 가지고 역점을 두고 있다.

우리나라 의학이 세계화하려면 해외 환자 유치보다도 먼저 기초의학을 육성하는 마스터 플랜을 세우는 일이 급해 보인다면 필자의 생각이 잘못된 것일까? 아예 이름을 노벨의학상 프로젝트라고 만들어 십년뒤 쯤 우리나라 의학자가 당당히 노벨의학상을 수상하는 영광스런 장면을 상상해본다. 금메달리스트 김연아가 십년전만해도 피겨스케이팅의 불모지대나 다름없던 대한민국 출신인 것처럼…

의료계의 솔로몬은 어디 있는가?

어느날 솔로몬왕에게 두 여인이 나타나 한 아이를 두고 서로 자기가 어머니라고 주장하였다. 같은 집에 사는 두 여자가 거의 동시에 아이를 낳았는데 며칠 후에 한 아이가 죽자 한여자가 아이를 바꿔놓아 생긴 다툼이었다.

현대처럼 혈액형이나 DNA검사를 하여 친자확인을 할 수 있는 과학 기법이 발달 되어 있지도 않았고 확실한 증거나 목격자도 없는지라 솔로몬 왕은 궁리 끝에 "누가 진짜 어머니인지 나도 판단할 수 없으니 저 아이를 반쪽씩 나누어 주라"고 명하였다. 그러자 한 여자는 공평한 재판이라고 수긍한 반면 다른 여자는 아이를 죽일거면 그냥 다른 여자에게 주라고 호소하였다.

이렇게 되니 진짜 어머니는 쉽게 판명이 나게 되었다. 모성애를 시험하여 현대의 친자 확인 검사를 대신 한 것이다. 참으로 현명한 몇천년을 앞선 솔로몬 왕이었다.

무릇 어떤 분쟁이든 옳고 그름을 판단한다는 것은 서로 이해 관계가 다르기 때문에 어려운 문제이기 마련이다. 스포츠 경기에서도 심판의 오심에 의해 실력이 월등한 팀이 패배를 하는 경우를 종종 보게 된다.

오심의 피해를 본 팀으로서는 억울하기 이를데 없는 노릇이다. 그렇지만 올림픽 경기같은 경우는 설사 오심이라 하더라도 심판의 권위를 인정하여 재심이나 재경기를 허용하지 않고 있다. 요즈음 같이 전자공학이나 광학이 발달한 시대에는 슬로 비디오 등을 통하여 오심이 쉽게 객관적으로 판단 됨에도 불구하고 심판의 판정을 뒤집지 않는다는 것은 피해 당사자들로는 억울하기 그지 없을 것이다. 그러나 심판의 권위를 인정해 준다는 사실은 스포츠 정신승패에 연연하지 않는 정정당당한 승부의 기본이요 근간이 아닐까 한다.

이러한 기본 룰이 깨지게 되면 스포츠는 경기 자체의 의미 보다 결국 수많은 시시비비에 매몰 될 수밖에 없을 것이다. 이런 폐단을 예방하기 위해 올림픽은 비록 오심이 있더라도 심판의 권위를 존중함으로써 시시비비를 없애는 방법을 택하였으리라 짐작된다.

우리 사회에도 이러한 심판의 역할을 하는 기능이 있는데 그것은 바로 법法이다. 그러나 법에도 현실에 맞지 않고 실행하기 어려운 법도 있기 마련이다. 그렇지만 악법도 법이니까 지켜야 함은 국민의 기본 도리로 받아 들여지고 있다. 또한 법을 가지고 시시비비를 가려

주는 역할이 판사이니까 결국 판사가 권위가 서야 사회 질서가 확립될 것이다. 그러나 요즈음 판사나 법원에 대하여 많은 비판의 눈길이 쏟아지고 있음은 안타까운 일이다. 이러한 사태가 온데는 물론 법원이나 판사들 내부적인 요소도 있음을 부인할 수는 없을 것이나 이들의 권위를 지켜줘야 함은 우리 사회 구성원의 안전을 위해서도 꼭 필수적인 사항이 아닌가한다.

법원과 판사의 판단을 모두 부인하는 상황이 되면 사회가 무질서 속에 빠질 수 밖에 없을 것은 불을 보듯 뻔한 노릇이다. 그렇지 않아도 우리나라는 다중이 떼를 쓰면 안되는 것이 없다하는 소위 떼법이 가장 상위의 법이다라는 농담이 나돌만큼 법이 권위를 잃어 가고 있는 사회이니 말이다.

의료계에도 많은 시시비비가 존재하고 있다. 특히 요즈음 심장판막 수술 방법을 가지고 개발자인 모 교수와 어느 기관간에 많은 논쟁들이 오고 있다. 여러번의 공박이 오가다가 마침내는 일간지에도 보도되는 상황이 되어 세인의 관심을 끌고 있기도 하다.

이러한 논쟁은 옳고 그름을 당장 판단하기는 어려움이 따르고 그 결과에 따라 한쪽은 살고 한쪽은 죽게 되는 all or none의 승부이니 양쪽 모두 필사적일 수밖에 없을 것이다. 하지만 기존의 수술받은 환자나 수술 받을 환자들의 입장은 얼마나 난처할까? 빨리 이번 논란에 종지부를 찍어 국민들이 의료계를 믿고 안심하며 수술을 선택할 수 있었으면 한다. 그러기 위하여는 우리 의료계에도 솔로몬이 나타나야 하겠다. 과연 현명하신 솔로몬은 어디에 있을까? ✿

나의 꿈

"오늘 저에게는 꿈이 있습니다 I have a dream today. 이 꿈은 아메리칸 드림에 깊이 뿌리를 내리고 있는 꿈입니다. 저에게는 꿈이 있습니다. 언젠가 이나라가 모든 인간은 평등하게 태어났다는 것을 분명한 진실로 받아 들이고 그 진정한 의미를 신조로 살아가게 되는 날이 오리라는 꿈입니다. 언젠가는 조지아의 붉은 언덕위에 예전에 노예였던 부모의 자식과 그 노예의 주인이었던 부모의 자식들이 형제애의 식탁에 함께 둘러앉는 날이 오리라는 꿈입니다."

이는 저 유명한 킹 목사가 1963년 8월28일 워싱턴의 링컨 기념관앞의 수십만명이 운집한 청중에게 한 연설 중의 유명한 구절이다. 흑백간에 인종차별이 없고 평등한 인권을 누릴 수 있는 세상을 그는 꿈꾸었지만 결국 그런 세상을 보지 못하고 암살자의 총구앞에서 쓰러지고 말았다. 그러나 그가 떠난 이후 세상은 바뀌어갔고 결국 오바마같은 흑인 대통령이 탄생하는 역사적 사건이 우리 앞에 전개되고 있다. 그렇다. 꿈은 결국 이루어진다.

얼마 전 벤쿠버 동계 올림픽에서 우리 선수들은 너무나 훌륭한 성적을 올려 우리 국민들을 모두 흥분의 도가니로 몰아 넣었다. 그들의 모습은 하면 된다는, 주눅든 구석은 하나도 없이 자신감이 넘쳐 보였다. 체력적으로 열세인 동양인이지만 속도전에서 전혀 밀리지 않는 그들을 언론은 Gglobal세대로 명명했다. G세대는 건강하고 세계화된 미래지향적인 세대를 의미한다. G세대야말로 우리의 꿈나무이니 기대가 크다 하겠다.

나는 작년에 회갑을 맞이 하였다. 회갑을 넘긴 나이로 나의 꿈은 이루어졌나 되돌아보면 병든 환자들을 돌보는 의사가 되겠다는 어릴 적 꿈은 이루어졌고 의사가 된 후 교수로서의 생활에 보람을 느끼고 있으니 어느 정도 소기의 희망은 이루어 진 셈이다. 그러나 나에게 한가지 꿈이 더 있다. 제대로 된 병원—소위 G 병원을 만들어 보는 것이다. 내가 제대로 된 병원이라 함은 환자들이 믿고 자기의 고귀한 생명을 의탁 할 수 있는 실력있는 병원, 그리고 병을 낫기 위해 돈 걱정하지 않아도 되는 병원이다. 누구나 병이 들게 되면 믿고 맡길 수 있는 명의의 진료를 받기를 원 할 것이다.

여기서 명의라 함은 실력이 출중할 뿐아니라 인격적으로도 존경할 만하고 환자의 마음까지도 다스려 줄 줄 아는 의사를 말할 것이다. 이러한 명의들이 근무할 뿐 아니라 직원들이 신명나게 일하는 병원 그리하여 그 병원에 근무한다는 사실만으로도 명예가 될 수 있는 그러한 병원을 만들어 봤으면 하는 꿈이 있다. 더불어 몸이 아픈 환자들이 경제적인 이유로 치료를 충분히 받지 못하여 마음까지 아프게 되는 일이 없었으면 한다. 그러기 위하여는 병원이 많은 독지가나 단체로부터 기부를 받아 기금을 만들어 운영하여야 할 것이다.

우리 사회에는 미국이나 서구 선진국처럼 병원에 기부금을 내는 독지가들이 아직은 많지 않다. 그 원인은 이렇게 순수하고 갸륵한 독지가들에게 돌아가는 혜택이 많지 않아서도 이유가 될 것이다. 따라서 병원에 기부를 한 독지가에게 병원에서 많은 혜택을 주고 세제상 불이익을 받지 않도록 하면 기부문화가 활성화되어 경제적으로 어려운 환자들에게 도움이 되지 않을까 생각해 본다.

나의 꿈을 이야기하다 보니 너무 꿈이 커보여 욕심만 앞서고 실현가능성이 없어 보일지 모르겠다. 그렇지만 언젠가 꿈은 크게 가지라고 세계일류의 기업을 이룬 어느 회장님께서 말씀하신 것을 감명 깊게 들었던 기억이 있다. 본인이 남들이 우리나라에서의 일등도 모두 불가능하다고 여겼던 사업을 세계에서 일등을 만들겠다는 각오로 일하다 보니 결국 이루어지더라는 이야기였다. 그때 그저 우리나라에서 일등이라도 하기를 목표로 삼았다면 오늘날 삼류기업밖에

되지 않았을 것이란 회고담이었다.

    그렇다 꿈은 꾸어야 한다. 이상은 높은 곳을 향하여야 한다. 그리고 꿈은 결국 이루어진다. 그래서 나는 오늘도 꿈을 꾸고 있다. 아니 내일도, 모레도 꿈을 꿀 것이다. ✿

의사의 꿈

1판 1쇄_ 2010년 06월 01일

지은이_ 양정현
발행인_ 윤예제
발행처_ (주)건강신문사

등록번호_ 제8-00181호
주소_ 서울 은평구 응암동 578-72번지
전화_ 02-305-6077(대표)
팩스_ 02-305-1436

값_ 15,000원
ISBN 978-89-6267-033-2 03810

* 잘못된 책은 바꾸어 드립니다.
* 이 책에 대한 판권은 (주)건강신문사에 있으며
  저작권은 저자와 (주)건강신문사에 있습니다. 허가없는 무단인용 및
  복제, 복사, 인터넷게재를 금하며 인지는 협의에 의해 생략합니다.